De la 5e à la 4e

12-13 ans

Le souffle de l'ange

Sophie Adriansen
écrivaine

Karine Juillien
enseignante

illustré par
Juliette Fournier

Cet ouvrage est conforme à la nouvelle orthographe
www.orthographe-recommandee.info

MIXTE
Papier issu de sources responsables
FSC® C022030

Nathan est un éditeur qui s'engage pour la préservation de l'environnement et qui utilise du papier fabriqué à partir de bois provenant de forêts gérées de manière responsable.

Nathan

Présentation

→ **Je lis un récit fantastique entrecoupé d'exercices de :**
français, maths, histoire, géographie, sciences.

→ **Je résous des exercices**
qui permettent de reconstituer l'histoire.

→ **Je vérifie ma réponse :**
- elle est juste → j'accède à la suite de l'histoire ;
- elle est fausse → le corrigé me guide pour refaire l'exercice.

→ **Je consulte le mémo en fin d'ouvrage,**
il m'explique la notion abordée dans l'exercice.

→ **Je regarde la table des matières (p. 118-119)**
pour connaitre tous les points du programme abordés dans les exercices.

→ **Je note les indices sur la page 117,**
un par chapitre, ils prouvent que l'enquête avance et que l'histoire est bien comprise.

Maquette intérieure : Julie Lannes
Mise en page : Grafatom

La nouveauté de la saison

1 

– Qu'est-ce que c'est que ce château ? C'est la première fois que je le remarque !

Pourtant, depuis de nombreuses années, Amanda venait à Lougnac : elle y passait souvent quelques jours en été. Ses parents ne l'emmenaient jamais nulle part. Son séjour chez ses grands-parents, c'était une grande bouffée d'oxygène mais cela ne suffisait pas à faire de ses vacances une aventure. À la rentrée, Amanda s'arrangeait pour esquiver les questions de ses camarades. Eux avaient toujours des choses formidables à raconter.

Mamyta et Papyjo, ainsi baptisés par Amanda en raison de leurs prénoms, Anita et Joël, se faisaient toujours un plaisir d'accueillir leur unique petite-fille. Mais Amanda, qui aimait retrouver ses repères d'été en été, était perturbée par cet élément nouveau. Un château peut-il pousser dans le paysage à la manière d'un champignon ?

– Il est là depuis des siècles, l'informa Papyjo. Simplement, il était auparavant caché par la forêt que la tempête de cet hiver a en partie détruite. Tu as pourtant bien dû le voir lors de nos promenades !

– Peut-être… Mais alors je n'y ai pas fait attention.

– C'est vrai qu'on n'allait pas tellement de ce côté-là quand il y avait la forêt, concéda Mamyta.

Ils se rapprochaient de l'édifice.

– On dirait qu'il est abandonné…, commenta Amanda.

Dans son planning de vacances imaginaire, elle nota de s'y intéresser.

Amanda repensera-t-elle à ce mystérieux château ?

Pour le savoir, réponds à la question suivante.

Pour Amanda, ces vacances représentent une « grande bouffée d'oxygène ».

Mais comment s'appelle réellement la substance rejetée par les arbres et absorbée par Amanda ?

a. oxygène **b.** dioxygène

Si tu as choisi a. → Lis le n° 6.

Si tu as choisi b. → Lis le n° 7.

mémo 17

2

Faux. Il y a bien un point d'exclamation mais la phrase n'exprime ni un ordre, ni une interdiction.

→ Refais l'exercice du n° 13.

3

Mauvaise réponse. La description du château mentionne « quatre coins » ou angles ; il peut donc s'agir d'un rectangle.

→ Recommence l'exercice du n° 4.

4

Depuis l'âge de dix ans, Amanda était autorisée à sortir la chienne de Mamyta et de Papyjo, un grand beauceron femelle, doux et vif à la fois.

Elles quittèrent le chemin pour s'engager sur le sentier, sans bien savoir laquelle des deux entrainait l'autre. La tempête avait eu raison de cette partie de la forêt, et les hommes du village avaient abattu les arbres morts, n'en laissant que les larges souches.

Bientôt, Amanda se trouva au pied du château. Elle s'arrêta pour observer la bâtisse qui avait traversé les siècles. C'était une construction en pierre sombre, comme celle utilisée pour les maisons des environs. Quatre tours rondes couronnées de mâchicoulis* et surmontées de toitures coniques se dressaient aux quatre coins de l'édifice. Par la haute ouverture, on apercevait une cour à ciel ouvert qui avait sans doute accueilli une grille de fer il y a des siècles.

– Ou un pont-levis, murmura Amanda, bien qu'elle n'ait pas vu trace d'anciennes douves.

Docile, Cassiopée lui répondit par un faible jappement.

Le soleil avait disparu derrière les reliefs montagneux, mais il incendiait encore le ciel de ses rayons.

Rien ne semblait interdire au promeneur d'entrer. La tentation était trop grande. Cassiopée sur ses talons, Amanda pénétra dans le château.

---

* Structures en pierre placées sur le devant des tours et comportant des ouvertures permettant de défendre le château en lançant divers matériaux et projectiles.

La vieille bâtisse recèle-t-elle un mystère ?

Pour le savoir, il te suffit de relire la description du château de Lougnac.
Quelle forme ne peut-il pas avoir ?

a. triangle
b. carré
c. rectangle

Si tu as choisi a. → Lis le n° 10.
Si tu as choisi b. → Lis le n° 14.
Si tu as choisi c. → Lis le n° 3.

mémo 15

5

Non, « de la saison » complète bien un nom (« nouveauté »).

→ Refais l'exercice du n° 7.

6

Non, tu t'es trompé(e). Même si tout le monde emploie couramment le mot « oxygène », la substance rejetée s'appelle en fait « dioxygène ».

→ Tu peux te rendre au n° 7.

7

– Tu iras nous acheter du pain pour le diner, ma chérie ? demanda Mamyta.

Cette balade faisait partie des rituels. Amanda n'aimait pas trop entrer dans le commerce, qui vendait à la fois du pain, des produits d'épicerie, des journaux et des jeux à gratter, car l'endroit était aussi le seul bar de Lougnac : il se trouvait toujours un client, accoudé au comptoir, pour faire un commentaire quelconque.

Ce qu'Amanda adorait en revanche, c'était le trajet. La maison de ses grands-parents était située un peu en dehors du village, et le chemin longeait la forêt qui se découpait sur les monts ancestraux. Et cette année, la vue désormais dégagée permettait de découvrir de loin la nouveauté de la saison : le fameux château.

– Comme tu as changé depuis l'été dernier ! l'accueillit aimablement Thérèse, l'épicière-boulangère-cafetière-etc.

Du haut de ses treize ans, Amanda se métamorphosait en effet à vue d'œil depuis quelques mois.

– Je ne suis pas la seule ! fit-elle remarquer en souriant.

– Tu dis ça pour ma nouvelle coupe de cheveux ? demanda Thérèse, flattée, tandis que ses joues s'empourpraient.

– Euh… En fait, je pensais plutôt à Lougnac ! La vue est très différente depuis que la tempête a dégagé les alentours du château…

Une voix s'éleva alors de la partie bar :

– Tu f'rais mieux de pas trop t'en préoccuper, d'ce château.

Tournant le dos à la salle, un homme, assis sur un haut tabouret et coiffé d'une vieille casquette en cuir

marron, avait prononcé ces mots ; il avait parlé sans même prendre la peine de se retourner.

– N'écoute pas ce vieil Hubert, dit Thérèse à Amanda à voix basse. Il perd parfois la boule !

– D'ailleurs, tout l'monde ici sait bien qu'il est hanté, ajouta l'homme.

Amanda sentit son sang se glacer dans ses veines. Elle paya le pain et déguerpit sans demander son reste.

Le château est-il véritablement hanté ?

Il te faut trouver la solution à la question suivante pour aller plus loin.
Lequel des trois groupes de mots en bleu dans le texte n'est pas complément du nom ?

Si tu as choisi « à gratter » → Lis le n° 11.
Si tu as choisi « de découvrir » → Lis le n° 15.
Si tu as choisi « de la saison » → Lis le n° 5.

mémo 2

8

Oui ! La phrase « Cela n'existe que dans les contes ! » est déclarative et exclamative car elle exprime un sentiment.
→ Va au n° 4.

9

Erreur ! Il ne peut pas s'agir d'une comparaison car il n'y a pas de mot-outil (« comme », par exemple).
→ Rends-toi au n° 16.

10

Une fois dans la cour, le château s'avérait bien moins impressionnant. Les ouvertures indiquaient qu'il comportait deux étages. Un escalier extérieur en spirale rejoignait une porte au dernier étage.

Amanda attacha la laisse de Cassiopée à un anneau rouillé dépassant du mur et s'engagea dans le colimaçon.

La porte s'ouvrit d'une simple poussée. Les pièces en enfilade, vides mais bien conservées, permettaient de faire le tour complet de l'étage. Éclairée par le rougeoiement du ciel et l'éclat de la lune, Amanda les visita au pas de charge. Si le château n'avait visiblement rien de hanté, elle n'était pas rassurée pour autant ; elle regrettait même de ne pas avoir gardé Cassiopée avec elle.

Amanda s'apprêtait à emprunter l'escalier intérieur menant au niveau inférieur lorsqu'elle entendit Cassiopée aboyer. Une voix masculine menaçante tonna audehors.

– Qu'est-ce que c'est qu'ça ? On dirait que quelqu'un est venu fourrer son nez ici… M'étonnerait pas qu'ce soit cette gamine que j'ai vue tout à l'heure. *Les enfants, c'est du poison !*

Le mot « poison » résonna entre les murs de la cour, comme poussé par un étrange écho.

Amanda tourna brusquement la tête. Elle avait perçu un mouvement dans la pièce, reflété par l'imposant miroir accroché au-dessus de la cheminée.

– Bonjour.

Un garçon d'une quinzaine d'années se tenait devant elle. Il était étrangement vêtu : il portait un veston sombre sur une chemise blanche au col volumineux, un pantalon clair et de curieux souliers – comme s'il sortait tout droit d'un livre d'histoire.

– Qui es-tu ? Et qu'est-ce que tu fais là ? sursauta Amanda, guère rassurée.

– Je m'appelle Maximilien et je suis là pour te protéger.

Le ton du garçon n'avait rien d'effrayant.

– Me protéger ?! s'offusqua Amanda. Ça va, merci, mais je suis assez grande, je n'ai pas besoin qu'on me protège. Et puis, j'ai Cassiopée !

Au même moment, la chienne aboya. Amanda hoqueta. Cassiopée était en bas, livrée à l'inconnu qui venait de faire irruption.

– Suis-moi, ordonna Maximilien.

Amanda obéit.

Où Maximilien va-t-il emmener Amanda ?

Pour le découvrir, tu dois nommer la figure de style présente dans la phrase en bleu.

a. métaphore **b.** comparaison

Si tu as répondu a. → Lis le n° 16.
Si tu as répondu b. → Lis le n° 9.

mémo 12

11

Faux. « à gratter » complète bien un nom (« jeux »).

→ Refais l'exercice du n° 7.

12

Tu t'es trompé(e). Il y a une négation dans la phrase avec « n'… que ».

→ Recommence l'exercice du n° 13.

13

Sur le chemin du retour, Amanda tâcha de se raisonner : les châteaux hantés, cela n'existe que dans les contes ! Pourtant, la voix du villageois et son ton convaincu avaient de quoi effrayer le plus incrédule des vacanciers.

Le château se dressait justement devant elle, en contrebas. Il ne semblait pas peuplé de fantômes, mais les esprits se voient-ils de l'extérieur ?

Amanda remarqua un petit sentier qui partait du chemin et qui descendait à la bâtisse en serpentant entre les souches. Elle se promit d'y aller prochainement.

– Qu'est-ce que c'est, l'histoire de ce château ? demanda Amanda pendant le diner.

– On l'a à peu près toujours vu à l'abandon, se souvint Papyjo. Plus exactement, on lui a connu plusieurs propriétaires successifs, mais aucun n'est resté très longtemps. Et depuis cinq ans, il n'y a plus personne du tout…

– Serait-il hanté ? osa Amanda.

– Hanté ? répéta Papyjo. Tu crois à ça, toi ?

– N… non, bien sûr que non ! bafouilla Amanda.

Dès la fin du repas, elle décida d'en avoir le cœur net.

– Je vais promener Cassiopée dans le village, lança-t-elle.

Elle se précipita dehors sans attendre de réponse.

Après avoir accroché la laisse au collier de la chienne, elle referma derrière elle le portail en bois qui clôturait le jardin.

– Cassiopée, si tu veux bien, on va aller voir d'un peu plus près de quoi il retourne.

Comme s'il avait deviné ses intentions, l'animal s'élançait déjà en direction du château.

Amanda va-t-elle réellement s'approcher du château ?

Si tu veux savoir ce qu'elle va faire, trouve la bonne réponse !
Indique le type et la forme de la phrase en bleu dans le texte

a. Type impératif – forme négative
b. Type déclaratif – forme affirmative
c. Type déclaratif – forme exclamative

Si tu penses que c'est la réponse a. → Lis le n° 2.
Si tu penses que c'est la réponse b. → Lis le n° 12.
Si tu penses que c'est la réponse c. → Lis le n° 8.

mémo 6

14

Faux. La description du château mentionne « quatre coins » ou angles ; il peut donc s'agir d'un carré.

→ Refais l'exercice du n° 4.

15

Tu as bien répondu ! « de découvrir » complète le verbe « permettait ».

→ Rends-toi au n° 13.

16

En courant, Amanda suivit Maximilien vers une porte dérobée. Celle-ci s'ouvrit sur un étroit escalier qu'ils dévalèrent. Avec la vitesse, les pans de la veste du garçon flottaient comme deux ailes.

Ils déboulèrent à l'extérieur sur le côté du château.

– Et voilà, tu es tirée d'affaire, dit Maximilien en souriant.

– Mais il faut que je récupère ma chienne ! répliqua Amanda affolée. Elle est restée dans la cour.

Au même instant, la voix retentit à nouveau depuis la cour.

– Si tu m'entends, je te préviens : tu n'as pas intérêt à remettre les pieds ici.

Le jeune guide d'Amanda réfléchit un bref instant.

– Compte jusqu'à vingt, puis rentre dans la cour par la grande porte. Tu pourras récupérer ta chienne. Mais ne traine pas ensuite, d'accord ?

Amanda promit dans un muet hochement de tête. Elle ferma les yeux en imaginant ce qui l'attendrait si elle revenait sans Cassiopée chez ses grands-parents.

Quand elle les rouvrit, Maximilien n'était plus là.

Elle commença à compter. À « cinq », elle entendit un grand fracas ; on aurait dit que quelque chose venait de tomber à l'intérieur du château. Elle se concentra.

– … Dix-huit, dix-neuf, vingt !

Amanda se précipita dans la cour. L'endroit, désert, était à présent silencieux. En détachant Cassiopée, elle distingua à l'étage la casquette du villageois rencontré un peu plus tôt au bar. C'était bien lui. Maladroitement, l'homme tentait de remettre en place au-dessus de la cheminée le miroir dans lequel Amanda avait aperçu Maximilien quelques instants plus tôt. En fait de miroir, il ne restait que le cadre : la glace avait dû se briser dans la chute.

– Viens, Cassiopée, on rentre.

Sans se retourner, elles prirent en courant la direction de la maison de Mamyta et de Papyjo.

Amanda est-elle sortie d'affaire cette fois-ci ?

Pour découvrir la suite, indique l'identité de celui qui a fait tomber le miroir.

Reconstitue le nom du coupable en notant la première lettre des 9 premiers mots en bleu et la dernière lettre du dernier mot. Tu obtiendras l'anagramme du responsable : il ne te restera plus qu'à remettre les lettres dans l'ordre.

Écris ta réponse :

C'est ton PREMIER INDICE. N'oublie pas de le noter sur ta page-indices p. 117. **Maintenant, → va lire la suite au chapitre 2.**

Les mystères du château

1

Le lendemain, Amanda descendit à la cuisine encore engourdie de sommeil. C'était toujours comme ça lorsqu'elle dormait ailleurs que dans son lit : Morphée* tardant à se manifester, la première nuit lui paraissait toujours trop courte.

Elle s'assit à table et laissa Mamyta poser devant elle un bol de chocolat au lait froid. Amanda adorait ça. Elle était occupée à faire exploser avec sa cuillère les bulles de poudre chocolatée non mélangée lorsqu'elle sentit une présence. Elle leva la tête et vit Maximilien installé en face d'elle, vêtu exactement comme la veille.

– Qu'est-ce que tu fais là ? demanda-t-elle.

Maximilien connaissait donc ses grands-parents ?

---

* Dieu du Sommeil et des Rêves dans la mythologie grecque, personnifiant le fait de dormir.

– Je prépare des tomates farcies pour midi, répondit sa grand-mère dans son dos.

– Ça n'est pas à toi que je parle, Mamyta, rétorqua Amanda.

– Ah oui ? Et à qui d'autre ? s'étonna Mamyta. Il n'y a que toi et moi dans cette pièce !

Amanda allait répliquer mais Maximilien avait posé un doigt sur ses lèvres, lui faisant signe de se taire. Il affichait un sourire complice.

Amanda plongea la tête dans son bol et avala son chocolat au lait d'une traite. Elle songea qu'elle était peut-être mal réveillée. Aurait-elle rêvé de Maximilien, cette nuit ? Impossible de s'en souvenir.

Pourtant, lorsqu'elle reposa le bol sur la table, le jeune homme était toujours là.

Par quel miracle pouvait-elle le voir et lui parler si Mamyta ne se rendait pas compte de sa présence ?

Maximilien est-il bien réel ?

Si tu veux le découvrir, indique la nature du mélange qu'Amanda se prépare pour le petit-déjeuner.

a. mélange homogène

b. mélange hétérogène

Si tu as choisi a. → Lis le n° 5.

Si tu as choisi b. → Lis le n° 10.

mémo 20

2

Tu t'es trompé(e) ! Tu as repéré des adjectifs qui sont bien accordés au féminin, mais ils ont pour fonction attribut du sujet et non pas épithète.

→ Recommence l'exercice du n° 12.

3

Mauvais choix ! Ces verbes sont employés avec l'auxiliaire *être* alors que ce ne sont pas des verbes de mouvement. Ils sont donc au passif.

→ Rends-toi au n° 14.

4

– Qu'est-ce qui t'a poussée à venir au château ? interrogea Maximilien.

Amanda et lui étaient assis sur la margelle de la vieille fontaine, sur la place principale du village.

– Je suis curieuse de nature. Et quand j'ai entendu dire que l'endroit était hanté, ça m'a encore plus motivée !

– Hanté ? releva Maximilien tandis que le facteur traversait la place sur sa bicyclette. Qui t'a dit ça ?

Amanda décrivit le villageois à casquette entendu chez Thérèse et revu au château.

– Il fait courir le bruit que le château est hanté mais il y traine lui-même… Tu ne trouves pas ça curieux ?

Amanda admit que cela l'était.

– Ça cache forcément quelque chose, concéda-t-elle.

– Et si on allait simplement lui poser des questions ? proposa Maximilien.

La mine horrifiée d'Amanda le fit éclater de rire.

– Il est au courant que tes grands-parents vivent ici… Il ne va pas te manger, tu sais !

Amanda respira un bon coup. Maximilien avait raison.

– Mais je ne sais pas où il habite ! s'exclama-t-elle comme si elle tenait là l'excuse idéale.

Le facteur passa dans l'autre sens. Maximilien fixa longuement sa sacoche. Soudain, un coup de vent en souleva le couvercle et une enveloppe s'en échappa. Elle virevolta jusqu'aux pieds d'Amanda qui la ramassa.

– Incroyable, murmura-t-elle.

La lettre était destinée à un certain Hubert Chevrier. Un village de la taille de Lougnac pouvait-il compter deux hommes portant ce prénom ? Pour en avoir le cœur net, Amanda et Maximilien se rendirent sur-le-champ à l'adresse indiquée sur l'enveloppe, dans une rue haute de Lougnac.

Ils arrivèrent devant une maison de plain-pied. Amanda prit son courage à deux mains et pressa la sonnette.

Le villageois est-il bien celui qu'Amanda cherche ?

Pour le savoir, indique comment s'appelle la partie soulignée de la phrase « Elle virevolta jusqu'aux pieds d'Amanda qui la ramassa. »

a. proposition relative

b. proposition juxtaposée

c. proposition coordonnée

Si tu as choisi a. → Lis le n° 6.
Si tu as choisi b. → Lis le n° 11.
Si tu as choisi c. → Lis le n° 8.

mémo 4

5

Tu t'es trompé(e) ! Le mélange n'est pas homogène car la poudre chocolatée est « non mélangée ».

→ Tu peux te rendre au n° 9.

6

Personne ne répondit. Amanda jeta un œil par la fenêtre. Elle ne perçut ni bruit ni mouvement. Elle remarqua en revanche une photo encadrée. Pas de doute possible : l'homme qui posait était bien celui qu'elle cherchait. Elle sonna à nouveau et essaya doucement d'ouvrir la porte ; hélas, celle-ci était fermée à clé.

– Par ici ! dit Maximilien.

Amanda fit le tour de la maison à sa suite. La porte donnant sur le jardin, à l'arrière, était ouverte.

Pleins d'appréhension, ils pénétrèrent dans le salon. Leurs yeux mirent quelques instants à s'habituer à l'obscurité qui contrastait avec le franc soleil du dehors.

– Qu'est-ce que c'est que… ?

Le mur de la pièce principale était entièrement tapissé d'articles découpés dans des journaux. Amanda en oublia sa peur et s'approcha. « De nouveaux châtelains à Lougnac », « Bienvenue à M. et Mme Amelot », « De grands projets pour le château avec l'arrivée de la famille de Verneuil ». Les premières coupures se référaient toutes au château.

– Ces articles datent de 1982, 1987…, dit Amanda.

– 1996, 2002, 2005… Et ils sont tous rayés d'un grand trait rouge ! poursuivit Maximilien.

– Tu crois que c'est lui qui aurait fait fuir les différents occupants ?

– Eh, viens donc voir ça !

À l'autre bout du mur étaient affichées des pages et

des pages sur les trésors qu'on trouvait dans les vieilles bâtisses : matériel et méthodologie, conseils et astuces, statistiques et récits de chasse heureuse… Un véritable manuel pour chercheur d'or et d'antiquités.

– Tu sais ce que je pense ? dit Amanda. Ce château n'est pas plus hanté que la maison de mes grands-parents. En revanche, notre ami Hubert a besoin d'être tranquille pour mettre la main sur un trésor.

Amanda et Maximilien oseront-ils retourner au château ?

Pour le savoir, indique si les formes verbales en bleu dans le passage que tu viens de lire sont à l'actif ou au passif. Regarde bien l'auxiliaire !

a. actif **b.** passif

Si tu as trouvé a. → Lis le n° 3.
Si tu as trouvé b. → Lis le n° 14.

mémo 5

7

Faux ! Tu as bien repéré des épithètes, mais elles sont accordées au masculin. → Refais l'exercice du n° 12.

8

Tu as fait un mauvais choix ! Deux propositions sont coordonnées lorsqu'elles sont reliées entre elles par une conjonction de coordination (*mais, ou, et, donc, or, ni, car*).
→ Recommence l'exercice du n° 4.

9

À Lougnac, depuis qu'elle avait douze ans, Amanda était libre de ses journées : Mamyta et Papyjo lui imposaient seulement de ne jamais trop s'éloigner du village, et d'être ponctuelle pour les repas.

Elle était déterminée à commencer ses vacances en faisant des recherches sur le château. Elle se prépara en vitesse. Maximilien avait disparu : elle avait vraiment dû avoir une hallucination.

Le soleil brillait déjà haut dans le ciel. Au bout de quelques pas, Amanda s'aperçut que Maximilien trottinait à ses côtés. Elle écarquilla les yeux en constatant qu'aucune ombre ne se dessinait derrière lui. Au même instant, un villageois déboula d'une rue adjacente.

– Bonjour jeune fille, lança-t-il gaiement.

Lorsqu'il se fut éloigné, elle se tourna vers Maximilien.

– Stop ! Qui es-tu ?

– Ben… Maximilien !

– Arrête de me prendre pour une idiote. Tu es apparu comme par magie. Personne ne te voit à part moi. Tu n'as même pas d'ombre ! Donc je repose ma question : qui es-tu ?

Maximilien afficha un timide sourire et pencha légèrement la tête sur le côté.

– Je suis ton ange gardien.

– N'importe quoi ! s'exclama Amanda. Ça n'existe pas, les anges gardiens.

– Je peux quand même venir avec toi ? demanda-t-il.

En attendant d'avoir une meilleure explication, Amanda acquiesça. En dépit de son étrange tenue, Maximilien semblait plutôt sympa.

– D'accord. On va commencer par la mairie.

Que va chercher Amanda à la mairie du village ?

Tu le sauras si tu expliques comment s'appelle l'ombre qu'Amanda aurait dû voir derrière Maximilien, au sol.

a. ombre propre **b.** ombre portée

Si tu as choisi a. → Lis le n° 13.
Si tu as choisi b. → Lis le n° 12.

mémo 19

10

Oui ! Tu as bien compris qu'il n'y a pas encore eu dissolution complète.

→ Poursuis ta lecture au n° 9.

11

Mauvaise réponse ! Deux propositions sont juxtaposées lorsqu'elles sont reliées seulement par une marque de ponctuation : virgule, point-virgule ou deux-points.

→ Reprends l'exercice du n° 4.

12

À l'exception de l'employée qui se tenait derrière son petit bureau, la mairie était déserte.

– Bonjour, je fais des recherches sur le château, pour… euh… mon projet de classe de l'année prochaine ! improvisa Amanda. Vous auriez la liste de ses propriétaires ?

En chantonnant, la femme sortit un gros registre. Elle l'ouvrit avec assurance et pointa du doigt une colonne.

– Voilà ! Tout est là.

Amanda parcourut la liste. Belmont, Amelot, de Verneuil, Marcadet. Face aux noms, des dates indiquaient des séjours de quelques années, rarement plus.

– Pourquoi ne sont-ils pas restés plus longtemps ? Vous savez où ils sont, maintenant ? demanda Amanda.

– Je ne peux pas vous dire, mademoiselle, je n'en sais

rien. En revanche, si vous avez des questions sur le château lui-même, il y a l'office du tourisme !

Amanda n'était pas habituée à ce qu'on la vouvoie ni à ce qu'on l'appelle « Mademoiselle ». Mais, surtout, elle n'avait jamais prêté attention à...

– L'office du tourisme ? Et où est-ce ?

Lougnac n'était pas franchement connu pour être une destination touristique !

– Ici, répondit l'employée en s'installant à un autre bureau, situé à quelques mètres du premier et orné comme lui d'une pomme de pin, l'emblème du village. Que puis-je pour vous ?

– Je souhaiterais visiter le château qui est plus bas. Est-ce possible ? demanda Amanda, totalement décontenancée.

– Malheureusement non, mademoiselle. Il ne se visite pas. Il est à l'abandon depuis le départ des derniers occupants.

– Ah, fit Amanda en tournant les talons.

– Ne partez pas sans faire un tour à la bibliothèque ! ajouta l'employée. On ne sait jamais…

Du doigt, elle désigna un coin dans lequel se dressaient deux hautes étagères. Elle trottina jusqu'à la table installée devant les rayonnages.

– Hélas, nous n'avons rien sur notre château ! déclara-t-elle, navrée, après avoir parcouru les dos des ouvrages.

– Merci quand même. Elle est complètement timbrée, ajouta plus bas Amanda à l'attention de Maximilien.

Une fois dehors, elle reprit une voix normale pour s'adresser à lui :

– Bon, as-tu une meilleure idée ?

Maximilien va-t-il pouvoir aider Amanda dans ses recherches ?

Pour savoir s'il va pouvoir l'aider, tu dois trouver, parmi les mots en bleu dans le texte, deux épithètes accordées au féminin.

Si tu as trouvé « déserte » et « habituée »
→ Lis le n° 2.
Si tu as trouvé « touristique » et « normale »
→ Lis le n° 4.
Si tu as trouvé « petit » et « gros » → Lis le n° 7.

mémo 2

13 

Faux ! L'ombre propre est la partie non éclairée de Maximilien.

→ Recommence l'exercice du n° 9.

14 

Amanda et Maximilien avaient passé l'après-midi à se creuser la tête afin d'imaginer un moyen d'éloigner l'apprenti chasseur de trésor du château. Au diner, Mamyta s'inquiéta de la mine contrariée de sa petite-fille :

– Que se passe-t-il, ma chérie ? lui demanda-t-elle.

Amanda avait à peine touché à son assiette. Elle promit que tout allait bien.

– Au fait, j'ai appris que Bébert a eu un accident, signala Papyjo.

– Hubert ! Un accident ? répéta Mamyta.

Amanda retint son souffle.

– Oh, rien de grave, s'empressa d'ajouter Papyjo : il a glissé sur un morceau de savon en sortant de sa baignoire tout à l'heure. Une chute bête, mais qui va le garder immobilisé une semaine. D'ailleurs, c'est bizarre : Hubert assure qu'il n'utilise que du gel douche.

Amanda mit sa serviette devant sa bouche afin de masquer son sourire. Un morceau de savon… Et pourquoi pas une peau de banane, tant qu'on y était ?

Elle observa Maximilien, confortablement installé dans un fauteuil, Cassiopée couchée à ses pieds. Pouvait-il véritablement être son ange gardien ? Et si c'était

le cas, pourquoi était-il apparu à Lougnac ? Et pourquoi la veille ? Et pourquoi méritait-elle sa protection ?

Maximilien lui fit un clin d'œil. Amanda entreprit de dévorer son plat.

La chute d'Hubert est-elle accidentelle ?

Pour découvrir la suite, retrouve dans la grille des mots du texte et barre-les. Recopie les six lettres qui ne servent pour aucun mot.

C	H	A	S	S	E	U	R
H	U	B	E	R	T	T	G
A	S	S	I	E	T	T	E
T	B	A	N	A	N	E	L
E	R	V	E	I	L	L	E
A	D	O	U	C	H	E	E
U	A	N	G	E	S	O	R

Écris ta réponse :

C'est ton DEUXIÈME INDICE. N'oublie pas de le noter sur ta page-indices p. 117.

Maintenant, → rends-toi au chapitre 3.

3

Un garçon pas tout à fait comme les autres

1

Libérée de la menace d'Hubert, Amanda se précipita au château dès le lendemain matin. Maximilien à sa suite, elle parcourut toutes les pièces plusieurs fois sans trouver trace du moindre indice de la présence d'un quelconque trésor.

– On aurait dû lire les conseils affichés chez Hubert ! se lamenta-t-elle. Je ne vois pas comment on peut trouver quoi que ce soit ici.

Maximilien restait étrangement silencieux.

– Tu es devenu muet ? demanda Amanda.

– Tu ne remarques rien ? l'interrogea-t-il en retour.

Amanda regarda autour d'elle. Ils étaient dans une vaste pièce qui avait pu être une chambre en son temps. Elle menait à l'escalier intérieur qui permettait de descendre à l'étage du dessous.

– Nous nous trouvons à l'endroit exact où nous nous sommes vus pour la première fois. Juste après qu'Hubert a dit cette phrase : « Les enfants, c'est du poison ! »

– C'est vrai, reconnut Amanda en avisant le miroir surmontant la cheminée. Et pourquoi es-tu apparu précisément ici ?

Maximilien tapota le mur le plus proche. Dans les pierres, on voyait une découpe en forme de porte.

– Parce que c'est là que je t'attendais.

Amanda fronça les sourcils.

– Que tu *m'attendais* ? répéta-t-elle, dubitative.

– Oui… Même si je ne savais pas vraiment que ce serait toi…

Maximilien désigna un renfoncement à côté de la fenêtre.

– Assieds-toi là, je vais tout te raconter.

Quelle est donc l'histoire de Maximilien ?

Si tu veux connaitre l'histoire de Maximilien, choisis la seule série de mots issus du texte qui soit composée de prépositions.

a. dès, sans, pour

b. après que, parce que, que

c. qui, où, que

Si tu as choisi a. → Lis le n° 9.

Si tu as choisi b. → Lis le n° 5.

Si tu as choisi c. → Lis le n° 6.

mémo 1

2

Faux, tu as oublié une retenue.

→ Refais l'exercice du n° 12.

3

Excellent ! Tu sais trouver le centre d'un parallélogramme !

→ Découvre la suite de l'histoire au n° 15.

4

– J'ai retourné le problème dans tous les sens, annonça Amanda le lendemain.

Il était à peine dix heures du matin, ils étaient assis aux abords du château. L'amitié surnaturelle de Maximilien, au sujet de laquelle elle refusait de se poser davantage de questions, et à présent l'excitation liée au trésor évaporé, la faisaient se lever de plus en plus tôt – au grand étonnement de Mamyta et de Papyjo.

– Les brigands ne peuvent pas être partis avec le trésor, affirma-t-elle.

– Et pourquoi donc ? interrogea Maximilien, sceptique.

– Réfléchis : si tes parents étaient rentrés de la ville pour s'apercevoir que leurs biens avaient disparu, ils auraient fouillé partout pour les retrouver.

– Oui, et ?

– Dans leurs recherches, ils seraient forcément allés voir derrière la nouvelle cloison du mur, puisque c'était ce que ton père avait en tête !

– Et ils m'auraient délivré, intervint Maximilien.

– Et ils t'auraient délivré, répéta Amanda. Or, le mur est intact ! Ce qui prouve bien qu'à aucun moment ils n'ont eu à chercher quelque chose qui se serait volatilisé.

– À part… moi, termina Maximilien.

– Mais comment auraient-ils pu imaginer que tu te trouvais derrière ?

– Tu as raison, reconnut Maximilien. Mon père a dû penser que je m'étais enfui par peur de la punition, puisqu'il m'avait interdit de toucher au mur. Il a cru que j'avais désobéi.

Maximilien soupira.

– Sauf qu'en réalité je n'avais aucune raison de m'enfuir…, murmura-t-il.

– Oui, mais tu n'étais plus là, souligna doucement Amanda.

Elle se sentait démunie. Qu'il est difficile de consoler quelqu'un que l'on ne peut pas prendre dans ses bras, ni embrasser sur la joue ! Les mots sont parfois moins réconfortants que les gestes.

Maximilien s'éloigna de l'escalier où était assise Amanda.

– Il y a donc de grandes chances pour que le trésor soit toujours dans les parages, lança-t-elle pour le faire revenir et le sortir de sa mélancolie. Ce qui signifie qu'Hubert avait raison de chercher.

Amanda et Maximilien vont-ils partir à la recherche du trésor ?

Pour savoir s'ils vont le faire, entoure le mode auquel les verbes en bleu du texte sont conjugués.

a. subjonctif **b.** indicatif **c.** conditionnel

Si tu as entouré a. → Lis le n° 10.
Si tu as entouré b. → Lis le n° 14.
Si tu as entouré c. → Lis le n° 7.

mémo 7

5

Mauvais choix ! Les mots de cette série sont des conjonctions de subordination. → Reprends l'exercice du n° 1.

6

Erreur ! Les mots de cette série sont des pronoms relatifs. → Refais l'exercice du n° 1.

7

Amanda avait l'impression qu'une course contre le temps s'était engagée : non seulement elle tenait à élucider le mystère du trésor avant de quitter Lougnac, mais en plus il fallait faire en sorte de doubler Hubert qui, à tous les coups, reprendrait ses recherches dès qu'il serait de nouveau sur pied.

Ce qui leur laissait…

– Cinq jours. Nous avons cinq jours pour trouver le trésor avant qu'Hubert ne revienne ici, déclara Amanda.

Il s'agissait à présent d'être efficace. C'est pourquoi elle avait réuni dans son sac à dos ce qui lui semblait être le matériel de base d'un apprenti-détective : un couteau suisse, un carnet, un crayon, une loupe, une lampe de poche, une boussole et un jeu de cartes.

– Pourquoi un jeu de cartes ? demanda Maximilien.

– J'ai pensé que cela pourrait nous aider à obtenir des indications et deviner l'avenir… Tu ne fais pas ce genre de choses ?

– Je ne suis pas voyant, Amanda, soupira Maximilien. Et comme tu le vois, je ne suis même pas capable de jouer aux cartes.

Il posa les mains sur le jeu de cartes ; ses doigts passèrent au travers sans que le paquet ne bouge.

– Eh bien, je pourrai toujours m'en servir pour faire des parties de solitaire si je trouve le temps long ! indiqua Amanda.

Elle se saisit alors de son crayon et de son carnet. Elle

tourna une page, puis une autre. Là, elle traça sur toute la largeur de la page un carré dont les coins étaient des cercles. Maximilien reconnut sans peine le château.

Amanda revint ensuite en arrière et, par transparence, elle décalqua le plan sur les deux pages précédentes. Enfin, elle écrivit « rez-de-chaussée », « 1er étage » et « 2e étage » au bas des pages.

– Soyons méthodiques.

Quelle stratégie Amanda envisage-t-elle ?

Pour le découvrir, il te faut trouver la solution de l'énigme suivante : si Amanda doit creuser au centre de la cour, que devra-t-elle faire pour marquer sur son plan la localisation exacte de celui-ci ?

Choisis la bonne réponse.

a. Elle devra tracer des diagonales ; elles se croiseront en leur milieu et ce point sera le centre du parallélogramme que forme la cour.

b. Elle devra mesurer un des côtés, diviser la distance obtenue par deux et tracer un point correspondant à cette distance sur une diagonale.

Si tu as choisi a. → Lis le n° 3.
Si tu as choisi b. → Lis le n° 11.

mémo 15

8

Tu t'es trompé(e) ! « en » et « à » sont des synonymes de « dans ».

→ Regarde à nouveau l'exercice du n° 9.

9

– Mon père avait un différend avec un ancien seigneur des environs, un Espagnol je crois, à qui il avait vendu une terre, commença à raconter Maximilien. L'homme lui avait donné en échange l'héritage de sa famille. Mais il a menacé à plusieurs reprises de venir le récupérer, alors mon père a voulu fabriquer une cachette pour protéger le trésor : une sorte de coffre dissimulé dans le mur. Enfin, j'étais supposé ne rien savoir de tout ça ; j'avais surpris par hasard une conversation. À moi, mon père a simplement dit qu'il voulait égaliser le mur.

Ce jour-là, mon père avait fait préparer un attelage.

Comme chaque semaine, il est parti à la ville avec ma mère, mes sœurs et sa bourse pleine de francs.

– Ils allaient à Lougnac ?

– Non, Lougnac n'était qu'un hameau. Il fallait rouler plusieurs heures pour atteindre la première ville.

– Pourquoi n'es-tu pas allé avec eux ?

– J'avais mangé des champignons ramassés en forêt, je ne me sentais pas bien. Je suis resté ici. La moitié des pierres étaient déjà posées ; j'ai proposé à mon père de finir de monter le mur en son absence, mais il me l'a interdit. Je me suis endormi. J'ai été réveillé par du bruit dans la cour. Des brigands avaient fait irruption. Ils étaient envoyés par le seigneur voisin.

Le regard de Maximilien se perdit dans le vague.

– Le mur montait jusqu'ici.

Il traça une ligne imaginaire à mi-hauteur.

– J'étais gênant pour eux, tu comprends ? reprit-il. Je pouvais sonner l'alarme ou donner leur signalement. Ils m'ont fait glisser à l'intérieur comme on met une lettre dans la boite aux lettres.

Maximilien se tut.

– Et ? l'encouragea doucement Amanda.

– Et ils ont achevé le mur.

– Tu veux dire qu'ils t'ont…

La voix d'Amanda s'éteignit.

– Emmuré vivant, oui. Et tu sais quelle a été leur dernière phrase ? Je l'entends encore… Ils ont dit : « Les enfants, c'est du poison ! »

Amanda aurait-elle en quelque sorte délivré Maximilien ?

Pour le découvrir, relie chaque début de phrase à la fin correspondante.

a. « dent » et « d'en » •   • **1.** sont des synonymes de « dans ».

b. « en » et « à » •   • **2.** sont des homophones de « dans ».

Si tu as relié a.1. et b.2. → Lis le n° 8.
Si tu as relié a.2. et b.1. → Lis le n° 13.

mémo 10

10

Faux ! Le radical et la terminaison des verbes ne correspondent pas au subjonctif.

→ Refais l'exercice du n° 4.

11

Tu t'es trompé(e) ! C'est le milieu d'une diagonale qu'il faut trouver pour localiser le centre d'un parallélogramme, or le milieu d'un côté n'est pas le milieu d'une diagonale.

→ Rends-toi au n° 15.

12

– Alors, tu n'as jamais revu ta famille ? demanda Amanda.

L'histoire de Maximilien lui arrachait le cœur. Elle avait envie de prendre le garçon dans ses bras. Mais lorsqu'elle tendit la main, celle-ci traversa la silhouette de Maximilien, qui ne parut rien remarquer.

– Non. Ils ont probablement fouillé le château et conclu que je m'étais enfui après avoir fini le mur.

– Ou alors, ils ont pensé que les brigands t'avaient enlevé en même temps que le trésor. Car ils sont bien partis avec, n'est-ce pas ?

– À vrai dire, je n'en sais rien, avoua Maximilien. Je ne sais même pas de quoi exactement était fait ce trésor, alors…

Amanda resta songeuse un moment. Elle avait l'impression de se trouver devant un puzzle dont aucune pièce ne s'imbriquait avec les autres. Mais plus encore, quelque chose l'interloquait dans le récit de Maximilien. Le garçon n'avait-il pas parlé de seigneurs et de brigands ? D'attelage, de bourse et de francs ? N'avait-il pas évoqué un temps où Lougnac n'était qu'un hameau ?

– Comment ça s'appelle, ce grand col que tu portes ?

– Ça ? C'est une fraise.

Amanda se mordit l'intérieur des joues.

– Maximilien, en quelle année es-tu né ? demanda-t-elle.

– En 1798, pourquoi ?

– Donc tu as…

Amanda fit le compte mentalement.

– Quinze ans ! la coupa Maximilien.

– *Deux-cent*-quinze ans, tu veux dire.

Maximilien la regarda comme s'il avait fait une bêtise. Amanda, elle, s'interrogeait : s'il y a un âge pour arrêter de croire au père Noël, y en a-t-il un pour commencer à accepter l'existence des anges gardiens ?

Peut-on vraiment être ami avec un ange gardien ?

Pour le savoir, lis la suite : Maximilien est né plus exactement le 09.12.1798. L'action se situe le 16.08.2013.
Sauras-tu soustraire 1608,2013 – 912,1798 ?

Si tu as trouvé 696,1215 → Lis le n° 2.
Si tu as trouvé 696,0215 → Lis le n° 4.

13

Bravo ! Tu sais ce que signifie « homophone ».
→ Continue ta lecture au n° 12.

14

Faux ! L'indicatif est le mode des actions certaines alors qu'ici, les personnages font des hypothèses.
→ Refais l'exercice du n° 4.

15

Amanda avait scrupuleusement reproduit le château, se déplaçant de pièce en pièce pour compléter son plan.

– Connais-tu d'autres passages secrets que l'escalier que nous avons pris pour échapper à Hubert ? demanda-t-elle.

– Non.

– Parfait. Bon, je crois que j'ai tout. Voici mon idée : nous allons passer au peigne fin chaque endroit du château.

– Entendu.

Ils s'y appliquèrent aussitôt, prêtant une attention particulière aux renfoncements, escaliers, fenêtres et autres ouvertures. Des tours aux étages, ils ne négligèrent rien – pas même la cour et les façades de l'édifice.

Aux fondations du XVe siècle se mêlaient des éléments des différentes époques qui avaient suivi : ainsi, des murs en pierre côtoyaient des plafonds peints, des crochets témoignaient de la présence de rideaux, les miroirs piqués mais d'un seul tenant (sauf celui qui avait chu le premier jour) révélaient un ameublement de gout et des occupants fortunés. Cela n'impressionnait guère Amanda ; désormais, elle ne s'étonnait presque plus de rien.

Mais au bout d'une journée et demie passée à parcourir le château de fond en comble, et à cocher au fur et à mesure sur le plan les zones explorées, ils durent admettre leur échec : ils n'avaient rien trouvé.

Leur déception était palpable. Car il ne leur restait plus, en tout et pour tout, qu'une seule pièce à fouiller.

Vont-ils découvrir un indice dans la dernière pièce ?

Pour lire la suite, compte le nombre de mots dans chacune des zones en bleu. Quand tu auras compté, associe chaque nombre trouvé à la lettre de l'alphabet à laquelle il correspond (A = 1, B = 2... Z = 26).

Écris ta réponse :

Ce mot constitue ton TROISIÈME INDICE. N'oublie pas de le noter sur ta page-indices p.117.

Maintenant, → rends-toi au chapitre 4.

4

Le jeu de piste paternel

1 

Amanda inspecta chaque recoin de la dernière pièce encore plus minutieusement qu'elle ne l'avait fait précédemment. Hélas, celle-ci ne révéla pas davantage d'indice que le reste du château. Amanda jeta son sac par terre.

– C'est décourageant. Tant de temps perdu, et aucun résultat.

– Tu sais, depuis le temps qu'Hubert cherche, s'il y avait quoi que ce soit de visible, il l'aurait sans doute trouvé. Je crois que nous devons nous rendre à l'évidence : il n'y a pas plus de trésor ici que de dent dans la bouche d'un nouveau-né.

Amanda ne répondit rien. Maximilien disait vrai.

– C'est ici que mon père faisait ses affaires, fit-il observer.

– C'est-à-dire ? demanda Amanda sans grand intérêt.

– Ses comptes, son courrier, ce genre de choses.

– Eh bien, il ne nous a rien laissé !

– Son bureau était là, dit encore Maximilien en désignant un coin de la pièce.

À cet endroit, il y avait une fissure dans le sol. Dans un ultime espoir, Amanda mit le nez dessus. Elle sortit la lampe de poche de son sac et l'alluma.

– On dirait qu'il y a une feuille ! s'exclama-t-elle.

Maximilien s'approcha. Amanda tira la pince à épiler de son couteau suisse et attrapa…

– Une feuille morte, dit-elle, déçue.

C'était fini. Amanda lança la feuille et se releva.

– Aïe ! fit-elle. J'ai un caillou sous le pied.

D'une main, elle prit appui sur le mur le plus proche, tandis que, de l'autre, elle enlevait sa chaussure. Elle faillit perdre l'équilibre.

– Que t'arrive-t-il ? s'étonna Maximilien.

– La pierre, là, sous ma main ! Elle a bougé, c'est certain.

Maximilien s'approcha. En effet, une des pierres du mur paraissait descellée.

– Ma parole, c'est une manie dans votre famille, de cacher des trucs dans les murs !

La plaisanterie ne parut pas amuser Maximilien.

À l'aide de la lime à ongles de son couteau suisse, Amanda entreprit de déloger la pierre. Son optimisme revint au galop. À tous les coups, le trésor était là !

Le trésor est-il caché dans les profondeurs du mur ?

Pour le savoir, réponds à la question suivante : le mot « galop » est-il employé au sens propre ou au sens figuré dans la phrase en bleu ci-dessus ?

a. sens propre **b.** sens figuré

Si tu penses que c'est a. → Lis le n° 10.
Si tu penses que c'est b. → Lis le n° 6.

mémo 11

2

Exact ! Le passé composé exprime bien l'antériorité par rapport au présent.

→ Poursuis l'aventure au n° 3.

3

– Ça ne donne rien, soupira Amanda.

Ils étaient au dernier étage de la tour ouest. Ils avaient parcouru le château en tous sens, et en vain. Amanda se désespérait : depuis le début, ils avançaient par à-coups, trouvant une issue inespérée au dernier moment. Mais cette fois, la chance semblait les avoir abandonnés.

Maximilien regardait au loin, lui tournant le dos.

Amanda jeta un œil dans la cour.

– Cassiopée s'est détachée !

– Pourquoi est-ce qu'elle s'appelle Cassiopée ? interrogea Maximilien quand Amanda réapparut, le chien en laisse.

– À cause de la constellation, celle qui a une forme de W.

Joignant le geste à la parole, Amanda dessina la lettre avec son doigt sur la page de son carnet resté ouvert.

Maximilien parut interloqué.

– Recommence !

À nouveau, Amanda traça un W imaginaire. Sur la feuille, son doigt partit de la tour nord du château et finit sa course sur la page voisine.

– Tu réalises que « Tour nord-tour sud, tour sud-tour est, tour nord-tour sud, tour sud-tour est », ça forme précisément un W ?

Amanda fronça les sourcils, l'air dubitatif.

– Si, à condition d'aller *à l'extérieur* ! expliqua Maximilien. Mais après tout, rien n'indique que le trésor est *dans* le château !

Cassiopée aboya de contentement. Et pourquoi pas ?

Le trésor peut-il se trouver ailleurs que dans le château ?

Pour savoir la suite, trouve dans quel ordre ces pays forment un W sur un planisphère.

a. États-Unis	**b.** France
Brésil	États-Unis
France	Afrique du Sud
Afrique du Sud	Brésil
Chine	Chine

Si tu as choisi a. → Lis le n° 9.
Si tu as choisi b. → Lis le n° 8.

mémo 16

4

Tu t'es trompé(e) ! Tu as fait une erreur de conversion.

→ Refais l'exercice du n° 9.

5

Tu as fait une erreur ! Tu as fait le bon calcul, mais tu n'as pas fait attention à l'unité !

→ Refais l'exercice du n° 9.

6

En guise de trésor, Amanda ne vit que l'obscurité.

– C'est profond !

La cachette faisait en effet toute l'épaisseur du mur. Amanda y projeta le faisceau de sa lampe.

– Il y a quelque chose ! s'exclama-t-elle.

Tout au fond était posée une liasse de documents roulés en tube. Amanda laissa la lampe et plongea le bras dans la cavité.

– Je l'ai !

Une épaisse couche de poussière la recouvrait. Amanda souffla délicatement, puis déroula très lentement les feuilles. Les années avaient rendu le papier craquant, et elle craignait que les pages ne se décomposent entre ses doigts – les pages, et les précieuses indications qu'elles contenaient certainement.

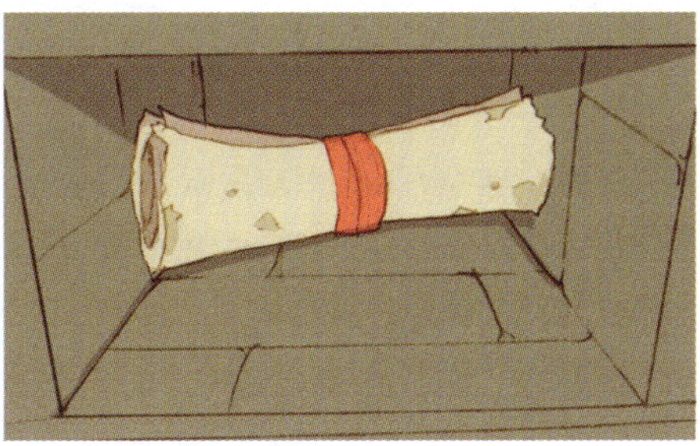

Amanda déchanta rapidement. Il y avait là quatre documents qui ne ressemblaient en rien à des cartes au trésor.

Les deux premiers, barrés de lignes horizontales et verticales, semblaient être des relevés de comptes ; il y était question de terrains et de récoltes. Le troisième était une lettre datée de 1813.

– C'est l'écriture de mon père, précisa Maximilien.

Quant au quatrième, c'était un décret impérial.

Amanda parcourut la lettre rapidement. Elle ne contenait que des banalités sur les affaires agricoles et la santé des enfants. Maximilien s'était penché au-dessus de son épaule pour lire aussi. L'espace d'une seconde, Amanda crut sentir la main du garçon qui replaçait une mèche de cheveux derrière son oreille…

– Tu as vu ça ?

Maximilien pointait un paragraphe en fin de missive.

– Qu'est-ce que ça peut bien être ?

Qu'y a-t-il à la fin de la lettre ?

Pour le découvrir, trouve le pourcentage de documents qui sont des relevés de comptes et le pourcentage de documents constitués de lettres.

a. $\frac{1}{2}$ et $\frac{1}{4}$ **b.** 50 % et 25 % **c.** 50 % et 75 %

Si tu as trouvé a. → Lis le n° 13.
Si tu as trouvé b. → Lis le n° 11.
Si tu as trouvé c. → Lis le n° 12.

mémo 13

7

Faux ! La « **postériorité** » est ce qui se passe « **après** » quelque chose d'autre. Un verbe au **passé** composé ne peut pas s'utiliser pour une action qui se passe **après** le présent.

→ Rends-toi au n° 3.

8

Faux ! Regarde la carte du mémo → puis reprends l'exercice du n° 3.

9

– Si l'on veut reproduire la distance à l'extérieur, on doit commencer par prendre les dimensions du château. Tu n'as rien pour mesurer, dans ton sac ? demanda Maximilien.

Amanda secoua la tête.

– Non. Mais il y a de quoi faire chez Mamyta et Papyjo. J'y cours !

Elle partit aussitôt avec Cassiopée et déboula en trombe dans la cuisine où Mamyta faisait des mots fléchés tout en surveillant ses fourneaux.

– Mamyta, pourrais-tu me prêter de quoi mesurer ?

– Bien sûr, ma chérie : prends mon mètre de couture à côté de ma machine à coudre.

Amanda déroula le ruban gradué. Il ne faisait qu'un mètre de long ; c'était largement insuffisant.

– Papyjo est au jardin ? demanda-t-elle.

– Oui ! Et si tu ne le vois pas, il se cache surement sous l'appentis*.

Amanda y courut. Son grand-père bricolait à son établi.

– Papyjo, pourrais-tu me prêter de quoi mesurer ?

Papyjo lui tendit à son tour un mètre-ruban, dans un enrouleur en plastique noir cette fois. L'étiquette extérieure indiquait « 2 m ».

– Et celui-ci ! Avec ça, tu as l'embarras du choix !

Le second instrument était un mètre pliant en bois jaune, composé de segments de vingt centimètres attachés les uns aux autres par des rivets. Il y en avait dix en tout.

– Tu n'as rien de plus long ?

Fort heureusement, Papyjo ne posait jamais de questions sur les activités d'Amanda.

– Non, et à part une chaine d'arpenteur, je ne vois pas ce qu'il existe pour mesurer une longue distance.

– Une chaine d'arpenteur ? Qu'est-ce que c'est que ça ? s'enquit Amanda.

– C'est l'instrument de mesure qu'utilisent les géomètres : il s'agit d'une chaine avec de longs maillons en métal. Certaines sont des décamètres, d'autres vont jusqu'à trente mètres !

– C'est exactement ce qu'il me faut ! Et tu connais un géomètre ? demanda Amanda pleine d'espoir.

– Non, répondit Papyjo. À moins que…

---

* Toit à une seule pente.

Il parut hésiter un instant.

– Je me demande si, avant qu'il ne soit à la retraite, ça n'était pas la profession d'Hubert…

Amanda va-t-elle devoir à nouveau affronter le villageois menaçant ?

Pour le savoir, détermine la distance maximale en mètres que le second instrument permet de mesurer.

a. 0,2 m **b.** 2 m **c.** 200 m

Si tu as choisi a. → Lis le n° 4.
Si tu as choisi b. → Lis le n° 14.
Si tu as choisi c. → Lis le n° 5.

mémo 14

10

Faux ! Il n'y a pas de cheval dans cette partie du roman ; le mot ne peut donc pas être employé au sens propre.

→ Tu peux quand même te rendre au n° 6.

11

Un message semblait avoir été rajouté à la hâte en bas de la lettre :

« Nous devons à nouveau combattre la Prusse. La récolte n'est plus en sécurité dans le château.

Tour nord-tour sud
Tour sud-tour est
Tour nord-tour sud
Tour sud-tour est »

– Tu sais ce que ça signifie ? interrogea Amanda. On dirait des indications, n'est-ce pas ?

L'écriture était exactement la même que le reste du courrier.

– Je me demande surtout pourquoi mon père n'a pas envoyé cette lettre.

– Il voulait peut-être que quelqu'un la trouve ?

– En la cachant dans le mur ? Ça m'étonnerait !

Et si c'était un jeu de piste ? Un chemin fléché ? suggéra soudain Amanda.

Cette idée leur parut être la seule envisageable. Ils se mirent aussitôt au travail et définirent toutes les combinaisons possibles. En prenant en compte les étages, il y en avait un certain nombre. Puis ils arpentèrent méticuleusement la moitié nord du château.

À chaque fois qu'ils atteignaient la tour ouest, point d'arrivée des indications, Amanda s'attendait à une apparition. Pourtant, rien ne se produisait.

La clé de cette énigme paraissait introuvable.

Amanda et Maximilien ont-ils bien compris le sens du message ?

Pour le découvrir, indique la valeur du verbe « a envoyé » dans la phrase « Je me demande surtout pourquoi mon père n'a pas envoyé cette lettre. »

a. Il exprime la postériorité par rapport au présent.

b. Il exprime l'antériorité par rapport au présent.

Si tu as trouvé a. → Lis le n° 7.
Si tu as trouvé b. → Lis le n° 2.

mémo 7

12

Faux ! Tu as bien exprimé ta réponse en pourcentage, mais tu as commis une erreur : 1 lettre sur 4 documents représente un quart des documents.

→ Refais l'exercice du n° 6.

13

Erreur ! Tu as trouvé les bons rapports, mais tu ne les as pas exprimés en pourcentage. Consulte le mémo.

→ Reprends l'exercice du n° 6.

14

– Je n'irai pas chez Hubert ! annonça Amanda à Maximilien dès qu'elle fut hors de portée d'oreilles de Papyjo.

– Il te fait encore peur ? s'amusa Maximilien.

– Ça t'étonne ? Alors que nous avons découvert ces articles chez lui, qui prouvent qu'il s'est… (Amanda prit le temps de bien choisir ses mots) *débarrassé* des occupants du château les uns après les autres pour avoir le champ libre ? Cet homme est capable de tout, et même du pire !

– Je te rappelle que pour le moment, il est immobilisé. Il est donc parfaitement inoffensif.

– Mais tu ne te souviens pas de son ton menaçant, lorsque nous nous sommes rencontrés ? De toute façon, c'est non, ne discute pas. Et puis tu peux toujours y aller, toi, si tu y tiens tant que ça !

Amanda narguait Maximilien. La décision de celui-ci fut sans appel :

– Très drôle ! Eh bien, si c'est ça, je ne te parle plus.

– Tu ne tiendras pas deux heures, le provoqua encore Amanda.

Maximilien n'ajouta rien. Mais il ne s'éloigna pas pour autant. Au contraire, il suivit Amanda partout, comme un toutou.

Quand Amanda alla acheter le pain, il se planta devant elle, la forçant à faire des mouvements de côté que les gens autour ne comprirent pas.

Au dîner, il fit semblant de renverser les verres, provoquant de la part d'Amanda des gestes incontrôlés pour les rattraper – gestes qui inquiétèrent Mamyta et Papyjo.

Seule Cassiopée semblait s'apercevoir que quelque chose ne tournait pas rond mais que le problème ne venait pas d'Amanda : elle aboyait dès que Maximilien s'en approchait un peu trop.

Quand Amanda descendit pour le petit déjeuner le lendemain, elle trouva Maximilien affalé sur une chaise, les pieds croisés sur la table.

– Fais comme chez toi, surtout ! dit Amanda en guise de bonjour.

Elle n'obtint aucune réponse.

Elle déclara forfait lorsque Maximilien tendit les deux mains vers son bol, prêt à recommencer son manège.

– C'est bon, tu as gagné. J'irai chez Hubert en fin de matinée.

Amanda aura-t-elle assez de courage pour aller jusqu'au bout ?

Pour lire la suite, résous la charade, puis note l'initiale de chaque mot : tu obtiendras un indice.

Mon premier est le prénom de l'héroïne. → ....

Mon deuxième est à l'opposé du sud. → ....

Mon troisième surveille un endroit. → ....

Mon quatrième est le métier de Thérèse. → ....

Écris ta réponse :

....

C'est ton QUATRIÈME INDICE. N'oublie pas de le noter sur ta page-indices p. 117.

Maintenant, → rends-toi au chapitre 5.

Le trésor du château de Lougnac

5

La légende du trésor

1

Une nouvelle fois, Amanda se retrouva devant la maison d'Hubert Chevrier. Elle s'apprêtait à sonner, terrorisée, quand on l'appela. Amanda se retourna et vit Thérèse, madame épicerie-boulangerie-café, qui remontait la rue un panier à la main.

– C'est Hubert que tu viens voir ? demanda-t-elle. Tu sais, il ne quitte pas beaucoup son lit, alors le temps qu'il arrive à la porte, tu seras déjà repartie.

– Papyjo m'a dit qu'il aurait peut-être une chaine

d'arpenteur, alors…, se justifia timidement Amanda.

Thérèse souleva son panier.

– Je lui apporte son déjeuner. Je vais te mener jusqu'à lui.

Thérèse sortit une clé de la poche de son tablier et ouvrit la porte. Aussitôt, une voix se fit entendre en provenance de la chambre :

– Thérèse ! Mon estomac et moi, on commençait à trouver l'temps long… Qu'as-tu préparé d'bon aujourd'hui ?

– Ne fais pas attention à la déco, recommanda Thérèse tandis qu'elle traversait la pièce principale, Amanda trottinant derrière elle. En prenant de l'âge, ce vieux Hubert ne s'arrange pas.

Amanda prit soin de ne pas regarder les articles qu'elle avait observés lors de sa première visite.

– Un ragout d'agneau ! annonça Thérèse en pénétrant dans la chambre. Cela conviendra-t-il à monsieur et à son estomac ?

Hubert allait répondre lorsque Amanda franchit le seuil de la pièce. En la voyant, il grogna.

– Qu'est-ce que tù m'ramènes là ? Tu sais bien qu'j'aime pas les gosses… Et encore moins les fouineurs ! lâcha-t-il avec un air mauvais.

– Je crois que notre amie a quelque chose à te demander, chantonna Thérèse, visiblement coutumière du ton bougon du blessé.

– J'espère qu'ça va pas m'couper l'appétit !

Amanda osera-t-elle lui poser sa question ?

Si tu veux le découvrir, relis la phrase en bleu dans le texte et indique avec quoi le participe « repartie » est accordé.

a. « repartie » est accordé avec le complément d'objet.

b. « repartie » est accordé avec le sujet.

c. « repartie » n'est accordé ni avec le sujet ni avec le complément d'objet.

Si tu penses que c'est a. → Lis le n° 5.
Si tu penses que c'est b. → Lis le n° 10.
Si tu penses que c'est c. → Lis le n° 14.

mémo 9

2

Faux ! Après « il faut que », on ne peut pas conjuguer le verbe à l'indicatif.

→ Refais l'exercice du n° 4.

3

Faux ! Tu as confondu décamètre et décimètre.

→ Recommence l'exercice du n° 7.

4

Amanda trouva sans peine la cabane à bois, au fond du jardin par lequel elle était passée pour entrer la première fois chez Hubert. À côté des buches de tailles

diverses entreposées, le vieil homme avait planté de longs clous pour suspendre ses outils. Elle reconnut la chaine d'arpenteur, retenue par deux pointes toutes rouillées, d'après la description que lui en avait faite Papyjo.

– Qu'est-ce que c'est lourd ! commenta-t-elle en la décrochant.

– Psst ! Viens donc jeter un œil ici !

Maximilien était posté devant la fenêtre de la cuisine. Au mur, on devinait quelques articles qui se confondaient presque avec les motifs du papier peint décoloré.

– Il faut qu'on aille voir, reprit-il.

– Tu n'y penses pas ?! Le vieux est dans la pièce d'à côté !

– On ne doit négliger aucune piste et aucune information, Amanda, argumenta Maximilien.

Thérèse avait déserté les lieux. Sa chaine à la main, Amanda se faufila à pas de loup dans le couloir. Elle se maudissait de ne pas avoir exploré la cuisine avant qu'Hubert ne se casse la figure.

– Regarde ! murmura Maximilien.

Il montrait une coupure de journal vieille de la fin des années 1970 dont le titre était « Le trésor du château de Lougnac ». Amanda s'approcha pour lire l'article. Ce faisant, son short accrocha une fourchette posée sur la table, et dont les dents dépassaient. Celle-ci tomba sur le carrelage dans un tintement sonore.

La voix d'Hubert tonna.

– Qu'est-ce que tu fabriques ?

En pleine panique, Amanda arracha l'article et le fourra en boule dans sa poche. Elle passa la tête dans l'encadrement de la porte et, tendant son outil comme un trophée, dit à Hubert :

– J'ai trouvé ! Merci, je vous la ramène très vite !

Et elle s'enfuit en claquant la porte derrière elle.

Que va révéler l'article arraché par Amanda ?

Pour le découvrir, identifie le mode du verbe « aille » de la phrase en bleu dans le texte.

a. subjonctif **b.** indicatif **c.** conditionnel

Si tu as choisi a. → Lis le n° 12.
Si tu as choisi b. → Lis le n° 2.
Si tu as choisi c. → Lis le n° 8.

mémo 7

5

Erreur ! Avec l'auxiliaire *être*, le participe passé s'accorde avec le sujet. Ici, « repartie » s'accorde avec le sujet « tu ».

→ Recommence l'exercice du n° 1.

6

Tu t'es trompé(e) ! La cause est habituellement exprimée à l'aide de « à cause de » ou « de » tout seul.

→ Reprends l'exercice du n° 10.

7

– Je crois qu'il est temps de passer aux choses sérieuses et de retourner au château, conclut Maximilien lorsque Amanda eut achevé sa lecture, surexcitée.

– Surtout que nous avons tout ce qu'il nous faut, confirma-t-elle en agitant la chaine d'arpenteur ramassée en un bouquet de maillons.

Ils décidèrent de mesurer l'arrière du château, soit la distance tour nord–tour est.

Mais il ne suffit pas toujours d'avoir le bon outil : la chaine, en effet, était munie d'une poignée à chacune de ses extrémités.

– « Décamètre », lut Amanda sur sa poignée.

Chaque maillon de fer faisait vingt centimètres, et tous les cinq maillons, un anneau de laiton matérialisait un mètre.

– Avec l'arrondi des tours, ça ne sera pas très précis, mais ton père ne devait pas avoir mieux, n'est-ce pas ? Allez, prends une poignée.

Amanda réalisa ce qu'elle venait de dire : évidemment, Maximilien ne pouvait pas saisir l'autre extrémité de la chaine. L'instrument était fait pour être manipulé à deux.

– Peut-être qu'en l'étalant par terre…, suggéra Maximilien.

Amanda essaya mais les maillons, reliés entre eux par des anneaux de fer, se décalaient tous.

– Je veux bien que ce soit de l'à-peu-près, mais là ça n'est même plus de l'approximation ! Comment faire ?

– À part demander de l'aide à quelqu'un, je ne vois pas, admit Maximilien.

– Hors de question ! s'exclama Amanda, qui était cette fois certaine de toucher au but. On n'a pas fait tout ça pour partager le fruit de nos efforts avec un inconnu !

– Même si cet inconnu est ton grand-père ?

– Même si cet inconnu est mon grand-père !

Amanda réussira-t-elle à mesurer le château ?

Si tu veux le découvrir, indique la distance maximale qu'un décamètre peut mesurer en une fois.

a. 10 cm **b.** 10 m **c.** 100 m

Si tu as trouvé a. → Lis le n° 3.
Si tu as trouvé b. → Lis le n° 15.
Si tu as trouvé c. → Lis le n° 11.

mémo 14

8

Mauvaise réponse. Après « il faut que », on ne peut pas conjuguer le verbe au conditionnel.

→ Refais l'exercice du n° 4.

9

Faux ! Christophe Colomb allait bien en Inde, mais par l'ouest, et il est donc arrivé aux Antilles, qui n'étaient pas connues à son époque.

→ Rends-toi au n° 7.

10

Amanda prit une grande inspiration et se lança.

– Voilà, je cherche à mesurer quelque chose de grand, et on m'a dit que vous aviez été géomètre…, commença-t-elle.

– Tu m'sembles bien renseignée ! la coupa Hubert tandis que Thérèse disposait les couverts sur sa table de chevet.

– Hubert, tu veux bien laisser parler la petite ?

Amanda n'aimait guère qu'on l'appelle « petite », mais elle était tellement reconnaissante à Thérèse d'être là qu'elle ne songea même pas à lui en vouloir. Elle n'osait imaginer ce qui se serait passé si elle avait dû affronter Hubert en tête-à-tête.

– … Alors je me demandais si vous aviez une chaine d'arpenteur à me prêter, reprit courageusement Amanda.

– Et pour quoi faire ? demanda Hubert avec rudesse.

Maximilien venait de faire son apparition. Il l'encouragea du regard.

– J'ai besoin de mesurer le jardin de mes grands-parents pour… euh… mon projet de classe de l'année prochaine ! improvisa-t-elle, se souvenant de ce qu'elle avait inventé à la mairie.

Hubert laissa Thérèse poser devant lui le plateau contenant son repas.

– Faut qu'tu la mérites, ma chaine. Tu saurais m'dire c'qui commence l'dimanche et finit l'samedi mais qu'est pas la semaine ?

Amanda se concentra. Elle ne voyait absolument pas. Dimanche-samedi, qu'est-ce que cela pouvait être d'autre que la semaine ?

Face à elle, Maximilien écarta les doigts comme pour indiquer le chiffre dix.

– Dix, dix, murmura Amanda… Je ne vois pas le rapport.

Elle réfléchit encore.

– D-I ! s'exclama-t-elle soudain. C'est ça, c'est la syllabe *di* !

Hubert grogna.

– Ma chaine est avec mes outils, dans la cabane à bois. T'as intérêt à en prendre soin et à la remettre en place ensuite, sinon tu auras affaire à moi !

La chaine d'arpenteur va-t-elle réellement aider Amanda ?

Pour le savoir, trouve la fonction du groupe nominal souligné dans la phrase « J'ai besoin de mesurer le jardin de mes grands-parents pour… euh… mon projet de classe de l'année prochaine ! »

Ce groupe nominal est :

a. un complément circonstanciel de cause.

b. un complément circonstanciel de but.

c. un complément circonstanciel de manière.

Si tu as choisi a. → Lis le n° 6.

Si tu as choisi b. → Lis le n° 4.

Si tu as choisi c. → Lis le n° 13.

mémo 3

11 

Faux ! « Déca- » signifie 10.

→ Refais l'exercice du n° 7.

12 

Amanda attendit d'être loin de la maison d'Hubert pour ressortir le morceau de journal. Elle le défroissa en prenant garde de ne pas le déchirer. Le temps avait jauni le papier, mais les caractères demeuraient parfaitement lisibles.

Le trésor du château de Lougnac

Depuis plusieurs semaines, le bruit court à Lougnac qu'un trésor se trouverait dans les murs du château. Au bar du village, on entend parler des vestiges d'expéditions espagnoles par-delà les mers, vieilles de plus de deux-cents ans.

D'après nos recherches, il pourrait s'agir de Galiano, cet explorateur mort en 1805 pendant la bataille de Trafalgar, qui a parcouru le Pacifique à la fin du XVIIIe siècle et rapporté de ses voyages les richesses que l'on imagine. Si Dionisio Alcalá Galiano est moins connu que Christophe Colomb ou Vasco de Gama, son rôle dans la découverte de nouveaux mondes et son apport à la cartographie n'en sont pas moins importants.

Après sa mort, des descendants de l'explorateur auraient migré jusqu'à nos terres avec une partie de ce trésor jalousement conservé.

Le fameux « bruit », qui remonterait à cette époque, a été entretenu par l'arrivée massive d'Espagnols en France au moment de la guerre d'Espagne ; mais on n'en avait plus entendu parler depuis plus de trente ans. Jusqu'à ces derniers temps…

Vérité historique ou légende inventée de toutes pièces pour attirer les curieux au pays des pommes de pin et aiguiser l'appétit des chasseurs de trésor ?

Impossible de le savoir…

Cet article va-t-il les aider à découvrir le trésor ?

Pour le savoir, coche la phrase qui est correcte.

a. Christophe Colomb est arrivé aux Antilles et Vasco de Gama en Inde. ☐

b. Vasco de Gama est arrivé aux Antilles et Christophe Colomb en Inde. ☐

Si tu as coché a. → Lis le n° 7.

Si tu as coché b. → Lis le n° 9.

13 

Tu t'es trompé(e) ! La manière est habituellement exprimée à l'aide de « avec », « sans », « en », ou d'un adverbe. Le CC de manière répond à la question « Comment ? » ou à la question « De quelle façon ? »

→ Reprends l'exercice du n° 10.

14 

Impossible ! Un participe passé s'accorde soit avec le sujet (auxiliaire *être*) soit avec le complément d'objet quand il y en a un (placé avant l'auxiliaire *avoir*).

→ Recommence l'exercice du n° 1.

15

C'est en regardant le sentier de terre qu'Amanda eut l'idée de ramasser plusieurs morceaux de bois sec. Les villageois en avaient heureusement laissé autour des souches lorsqu'ils avaient enlevé les arbres morts.

Elle planta un premier bâton à l'extrémité de la tour nord et y enfila la poignée comme si elle passait un bracelet à son bras. Celle-ci se bloqua en bas, à la naissance

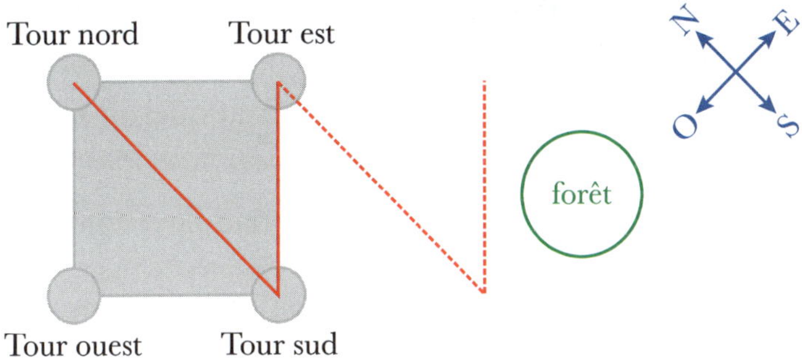

de la branche. Puis Amanda courut à la tour est, la chaine à la main. Maximilien était resté à côté de la tour nord pour s'assurer que la poignée ne bougerait pas.

Amanda planta un second bâton et glissa la seconde poignée. La façade faisant plus d'un décamètre de long, il fallut s'y prendre à deux fois pour la mesurer en totalité. Maximilien rejoignit Amanda en comptant à voix haute :

– Six, sept, et huit mètres ! Plus dix, on a donc dix-huit mètres.

Amanda nota scrupuleusement le nombre dans son carnet avant de s'étonner :

– Tu ne comptes pas en pouces, en pieds ou en je-ne-sais quoi ?

– Ben… non, je compte en mètres-étalon. Pas toi ?

– Mètres-tout-court, moi, précisa Amanda avant de s'exclamer : On passe de l'autre côté !

Reproduire dans la forêt la distance à partir de la tour est afin de former la deuxième moitié du *W* fut, grâce aux bâtons, un jeu d'enfant. Amanda s'aida de sa boussole et du soleil pour y parvenir, faisant de grandes enjambées afin d'éviter les souches.

Elle planta enfin le dernier bâton auquel la chaine était maintenue fixée.

Amanda se retourna alors vers Maximilien comme si plus aucun doute ne subsistait :

– C'est là ! affirma-t-elle.

Vont-ils enfin pouvoir déterrer le trésor ?

Pour lire la suite, observe les verbes en bleu dans le texte. Parmi ces verbes, quel est le mode le plus employé ? Relève la première lettre des verbes qui sont conjugués à ce mode. Tu trouveras un mot.

Écris ta réponse :

C'est ton CINQUIÈME INDICE. N'oublie pas de le noter sur ta page-indices p. 117.

Maintenant, → rends-toi au chapitre 6.

6

Une inestimable récompense

1 

Pleine d'enthousiasme, Amanda entreprit de creuser la terre. Après plusieurs minutes d'effort, elle eut devant elle un petit trou. Mais rien n'indiquait qu'on avait enterré quelque chose à cet endroit. Amanda, qui s'attendait à ce qu'ils tombent tout de suite sur ce qu'ils cherchaient depuis tant de jours, se découragea. C'était leur dernière piste.

– Ça ne sert à rien de se fatiguer à creuser plus profond. On s'est peut-être trompés d'un mètre, et puis il nous faudrait une pelle, on ne va pas retourner toute la forêt comme ça…

Amanda fut soudain frappée d'une illumination.

– Cassiopée ! bondit-elle. Attends-moi ici, je vais la chercher.

Maximilien sourit : Amanda avait tendance à oublier qu'il n'était pas tout à fait aussi humain qu'elle.

Vingt minutes plus tard, Amanda était de retour, le chien en laisse. Elle lui fit sentir la lettre signée du père de Maximilien.

– Cherche, ma Cassiopée ! On a besoin de toi pour découvrir ce trésor.

Cassiopée s'en donna à cœur joie, grattant la terre de ses pattes avec précision.

– Là ! Il y a quelque chose ! s'exclama tout à coup Maximilien.

Alors qu'Amanda avait imaginé un coffre comme ceux que renferment les cales des bateaux de pirates, Cassiopée avait mis au jour un sac de peau, à un mètre seulement de leur première tentative. Un sac fermé par un lien et visiblement très lourd.

– À toi l'honneur, Max, offrit Amanda, distraite.

Maximilien secoua la tête, amusé.

– Tu sais bien que je ne peux rien manipuler !

Amanda défit le nœud serré du cordon. La grosse bourse s'ouvrit, encore à moitié enterrée, et ses pans soulevèrent en tombant un nuage de poussière terreuse qui la fit toussoter.

– Waouh !

Qu'y a-t-il dans la bourse
qu'ils viennent de trouver ?

Pour le découvrir, compte combien il y a de négations dans le passage que tu viens de lire.

Attention : une négation composée compte pour une seule !

a. 2 **b.** 5 **c.** 6

Si tu as choisi a. → Lis le n° 8.
Si tu as choisi b. → Lis le n° 14.
Si tu as choisi c. → Lis le n° 15.

2

Faux ! Un infinitif ne se termine jamais par « -ant ».

→ Reprends l'exercice du n° 11.

3

Incorrect ! Le participe passé ne se termine pas par « -ant », mais par *-é*, *-i*, *-u*, *-s* ou *-t*.

→ Retourne à l'exercice du n° 11.

4

– Qu'est-ce que tu rapportes ? s'étonna Papyjo en voyant sa petite-fille arriver avec son curieux fardeau.

Amanda ne donna aucune explication avant que les bijoux ne soient étalés sur la toile cirée de la table de la salle à manger. Dans le fond de la bourse s'étaient également glissées quelques pièces anciennes.

– Sous, deniers, écus et même un louis d'or ! énuméra Papyjo admiratif. Alors il existait bel et bien, ce trésor de Lougnac auquel je n'ai jamais cru !

Ensuite, Amanda raconta tout – à quelques détails près. Elle passa sous silence sa visite chez Hubert et, surtout, ne révéla rien de l'aide miraculeuse et inattendue qui l'avait guidée tout au long de ses recherches.

Papyjo et Mamyta peinaient à en croire leurs yeux – et leurs oreilles.

– On ne peut pas garder ça pour nous, finit par dire Mamyta.

Amanda s'y attendait : elle se félicita d'avoir mis le médaillon de Maximilien à l'abri. Ils refermèrent le sac. Amanda fit un nœud avec le lien d'origine. Puis, accompagnée de Papyjo et de Mamyta, plus fiers que jamais, elle alla porter sa trouvaille à la mairie de Lougnac. L'heure de la reconnaissance avait sonné.

Une cérémonie fut organisée sur la place du village. À côté de la vieille fontaine, et devant tous les habitants du village réunis, le maire décora Amanda d'une pomme de pin d'or.

Soudain, une voix s'éleva de l'assistance :

– C'est moi qui d'vrais être décoré ! C'est grâce à mes outils qu'elle l'a trouvé !

Amanda se figea. Elle avait sans peine reconnu la voix d'Hubert.

Le mérite va-t-il finalement revenir à Hubert ?

Pour le découvrir, tu dois trouver le point commun entre les mots indiqués en bleu dans le texte.

a. Ils utilisent un préfixe d'origine latine signifiant « à nouveau ».

b. Ils utilisent un préfixe d'origine grecque signifiant « à nouveau ».

c. Ils utilisent un suffixe d'origine latine signifiant « à nouveau ».

d. Ils utilisent un suffixe d'origine grecque signifiant « à nouveau ».

Si tu as choisi a. → Lis le n° 7.
Si tu as choisi b. → Lis le n° 9.
Si tu as choisi c. → Lis le n° 10.
Si tu as choisi d. → Lis le n° 6.

5

Tu t'es trompé(e) ! Le mot « or » figure bien deux fois dans le texte, mais il s'agit du nom désignant un métal précieux, et non pas de la conjonction de coordination.

→ Rends-toi au n° 4.

6

Tu t'es trompé(e) ! « re- » n'est pas d'origine grecque et le point commun entre tous ces mots est leur début, or un suffixe se place à la fin d'un mot.

→ Recommence l'exercice du n° 4.

7

– Hubert, peut-on en savoir plus ? demanda le maire.

Tous les regards se tournèrent vers le villageois. Maximilien s'en approcha.

– Voilà, la gamine est v'nue m'trouver…

Il fut interrompu par une bourrasque qui emporta sa casquette au loin.

Amanda jeta un coup d'œil à Maximilien. Il avait mis ses mains en cornet autour de sa bouche, comme pour souffler très fort.

– Ma casquette ! glapit Hubert en se lançant à sa poursuite, claudiquant sur sa béquille.

Thérèse prit alors la parole, tandis que la casquette d'Hubert dévalait la rue basse.

– Enfin, si on va par là, je ne réclame rien et pourtant j'ai vendu le pain qui a permis à la petite d'avoir l'énergie nécessaire pour trouver le magot !

La foule s'esclaffa. L'affaire était close.

La mairie avait fait l'acquisition d'une vitrine pour exposer le trésor. Celle-ci trônait en bonne place à côté de l'espace *office du tourisme.* L'employée municipale avait dépoussiéré les bijoux un à un, révélant tout leur éclat, et nettoyé les pièces d'or et d'argent.

– Et nous souhaitons que les vacanciers de passage dans la région s'arrêtent à Lougnac pour les admirer. Pour les attirer, nous envisageons de proposer dès l'été prochain des visites guidées du château. Amanda, par votre découverte vous avez contribué à redonner à notre village une place dans l'Histoire ! ajouta l'élu.

Une salve d'applaudissements salua la révérence maladroite d'Amanda. Celle-ci eut une pensée pour Hubert. Elle lui avait comme promis rapporté la chaine d'arpenteur mais ne lui avait donné aucune explication sur l'usage qu'elle en avait fait. Elle comprenait sa rage : elle avait mis en une semaine la main sur le trésor qu'il convoitait depuis des années.

Pleinement satisfaite, Amanda chercha Maximilien du regard. Mais celui-ci avait disparu. Où avait-il pu passer ?

Maximilien a-t-il vraiment disparu ?

Pour obtenir une réponse à cette question, entoure l'unité que l'on utilise pour exprimer officiellement l'énergie produite par la nourriture, comme par exemple le pain qu'Amanda a mangé.

a. calorie **b.** kilojoule

Si tu as entouré a. → Lis le n° 13.
Si tu as entouré b. → Lis le n° 16.

mémo 18

8

Faux ! Il y a d'autres négations que « ne... pas... ».

→ Recompte bien au n° 1.

9

Incorrect ! « re- » n'est pas d'origine grecque.

→ Recommence l'exercice du n° 4.

10

Erreur de vocabulaire ! Le point commun entre tous ces mots est leur début, or un suffixe se place à la fin d'un mot.

→ Recommence l'exercice du n° 4.

11

– C'était une belle cérémonie, commenta Mamyta au diner. Depuis que nous habitons ici, je n'ai pas souvenir d'en avoir connu de si solennelle.

Amanda tapota son insigne ; c'est vrai qu'elle n'était pas peu fière. Mais son bonheur n'était pas complet. Le lendemain, elle quittait Lougnac ; la rentrée au collège était pour bientôt. Et depuis la fin du discours du maire, Maximilien ne s'était plus montré.

Amanda était pourtant repassée par le château.

– Tu as peut-être le temps de trouver un deuxième trésor ! avait plaisanté Papyjo, la voyant s'éloigner.

La cour du château était déserte, tout comme les étages.

– Max ! Max ! avait appelé Amanda doucement en caressant du plat de la main le mur où il était apparu.

Mais personne ne lui avait répondu. Amanda était revenue sur ses pas, déçue et peinée. Et si Maximilien, sa mission accomplie, était retourné d'où il venait ?

Amanda se sentait terriblement seule.

Amanda reverra-t-elle son protecteur ?

Pour le savoir, choisis la bonne analyse de la forme « voyant » indiquée en bleu dans le texte.

a. infinitif **b.** participe passé **c.** participe présent

Si tu optes pour la réponse a. → Lis le n° 2.
Si tu optes pour la réponse b. → Lis le n° 3.
Si tu optes pour la réponse c. → Lis le n° 12.

mémo 8

12

Bravo ! Le participe présent se termine toujours par « -ant ».

→ Découvre la fin de l'histoire au n° 18.

13

Faux ! « Calorie » est un terme couramment utilisé, mais il ne s'agit pas de l'unité officielle.

→ Rends-toi au n° 11.

14

Il y avait là des bijoux énormes et somptueux : bracelets recouverts de jade, rubis et saphirs ornant des croix d'or, pierreries diverses pendues au bout de chaines à grosses mailles.

– Ça, c'est un vrai trésor ! commenta Amanda.

Ils restèrent muets de longues secondes, tandis qu'Amanda manipulait avec soin les pièces. Les reflets du soleil révélaient les couleurs des pierres parfaitement conservées. Au milieu des bijoux clinquants scintillait une petite médaille toute simple.

Amanda s'en saisit.

– C'est celui-là que je préfère ; c'est le seul du lot que j'oserais porter !

Maximilien ouvrit grand la bouche. On aurait dit qu'il venait de recevoir un coup en plein cœur.

– Mon médaillon ! articula-t-il.

Sa voix se cassa.

– Que fait-il avec ces bijoux ? interrogea Amanda.

– Je l'ignore… Je l'ai perdu quelques jours avant la visite des brigands… Je ne savais pas que mon père l'avait retrouvé. Il n'était peut-être pas si fâché contre moi, alors…

Amanda voyait bien que Maximilien était très ému.

– Je te promets que je vais en prendre soin, déclara-t-elle en rangeant la médaille et la chaine à laquelle elle était accrochée dans la poche de son short.

Aidée par Cassiopée, Amanda sortit tout à fait le sac du trou. Elle était surexcitée. Elle se sentait dans la peau d'un chercheur d'or sur le point d'être accueilli en héros.

À pas lents en raison de sa charge, et après avoir grossièrement rebouché le trou creusé, elle gagna la maison de Mamyta et de Papyjo.

Comment Papyjo et Mamyta vont-ils réagir ?

Pour le savoir, réponds à la question suivante : quelle(s) est/sont la/les conjonction(s) de coordination qu'on peut trouver dans ce passage ?

a. « et » et « or » **b.** « et »

Si tu as trouvé a. → Lis le n° 5.
Si tu as trouvé b. → Lis le n° 17.

mémo 1

15

Faux ! Tu as trouvé trop de négations.

→ Recompte bien au n° 1.

16

Exact ! On utilise officiellement les termes de kilojoule ou kilocalorie.

→ Lis la suite au n° 11.

17

Correct ! « et » était bien la seule conjonction de coordination présente dans ce texte !

→ Poursuis le récit au n° 4.

18

Quelques jours plus tard, Amanda retrouva ses parents, sa maison, sa chambre. Elle était partagée entre des sentiments contradictoires : d'un côté, elle avait hâte de retrouver ses camarades et de leur raconter ses glorieuses vacances – qui d'autre pourrait se vanter d'avoir retrouvé un trésor enterré depuis plus de deux siècles ? Elle allait à coup sûr remporter la palme de l'originalité.

Mais d'un autre côté, son succès était terni par l'absence de Maximilien. Sans lui, elle n'aurait évidemment jamais pu parvenir à ce résultat. Pourquoi avait-il disparu sans même lui dire au revoir ?

En soupirant, Amanda choisit ses vêtements pour le lendemain. Elle attachait toujours une grande importance à sa tenue de rentrée ; on ne sait jamais ce que le premier jour peut réserver de surprises et de nouvelles têtes, et la première impression est la plus importante de toutes.

Son œil fut attiré par l'éclat mat de la médaille de Maximilien qu'elle avait posée sur l'étagère, à côté de la pomme de pin symbolisant Lougnac. Amanda décida qu'elle porterait dorénavant le médaillon de celui qui l'avait accompagnée en cette fin d'été ; ainsi, Maximilien serait malgré tout toujours avec elle.

Elle bataillait avec le fermoir de la chaine, debout devant le miroir de son armoire, lorsqu'elle aperçut une silhouette à l'arrière-plan.

– Bonsoir, Amanda.

Le fermoir se clipsa enfin, tandis qu'Amanda se retournait en souriant.

– Bonsoir, Maximilien.

L'aventure est-elle vraiment finie pour nos héros ?

Avant de terminer cette énigme, trouve le dernier indice en répondant à la question suivante.
D'après toi, quel est l'objet le plus important pour Amanda et Maximilien ?

- la pomme de pin, médaille remise par le village
- le médaillon de Maximilien
- la chaine d'arpenteur

Recopie-le :

C'est ton SIXIÈME et DERNIER INDICE. Note-le sur ta page-indices p. 117.

FIN

Bravo ! Puisque tu es allé(e) jusqu'au bout de cette histoire et de ses excercices, nous te proposons de nous envoyer, sur le site www.lenigme.com, la liste des indices que tu as écrits page 117 et tu pourras télécharger des surprises.

À bientôt pour une nouvelle aventure !

Mémo

Pour t'aider à faire tes exercices

Français

Maths

Géo

Sciences

Grammaire

1 Les mots invariables

- **Les prépositions** permettent d'introduire des groupes de mots. Comme leur nom l'indique, les **pré**positions se placent juste « avant » ces groupes.
On peut en retenir dix différentes en apprenant par cœur la phrase suivante : *Adam part pour Anvers avec deux-cents sous.*
  → *à, dans, par, pour, en, vers, avec, de, sans, sous*

- **Les conjonctions de coordination** sont des mots-outils qui permettent de relier deux propositions d'égale importance.
On peut en retenir la liste en apprenant par cœur la phrase suivante :
  Mais où est donc Ornicar ?
  → *mais, ou, et, donc, or, ni, car*

- **Attention à ne pas confondre** :
– ***ou*** (conjonction de coordination) et ***où*** (pronom relatif ou adverbe),
– ***et*** (conjonction de coordination) et ***est*** (verbe *être* à la 3ᵉ personne du singulier du présent de l'indicatif).

2 Les expansions du nom

Les expansions du nom permettent d'apporter des précisions sur un nom (ou un pronom). Il y en a plusieurs catégories :

- **L'épithète**
– **Nature** : adjectif.
– **Place** : à gauche ou à droite du nom qualifié. L'épithète peut être séparée du nom par une virgule (et parfois un ou plusieurs autres mots).
– **Mot introducteur** : aucun.
– **Accord** : s'accorde en genre et en nombre avec le nom qu'elle qualifie.
*<u>**Mamyta et Papyjo**</u>, ainsi <u>baptisés</u> par Amanda en raison de leurs prénoms,*

épithète (masculin pluriel)

*se faisaient toujours un plaisir d'accueillir leur <u>unique</u> <u>**petite-fille**</u>.*

épithète (féminin singulier)

- **Le complément du nom**

– **Nature** : nom ou groupe nominal le plus souvent.
– **Place** : juste à droite du nom qualifié.
– **Mot introducteur** : le plus souvent une préposition (*de*, *en*, *à*, etc.).
– **Accord** : il ne s'accorde pas avec le nom qu'il qualifie.
Après avoir accroché la laisse au collier de la chienne, elle referma derrière elle le portail en bois qui clôturait le jardin.

- **Le complément de l'antécédent**

– **Nature** : proposition subordonnée relative.
– **Place** : juste à droite du nom qualifié.
– **Mot introducteur** : un pronom relatif (*qui*, *que*, *quoi*, *dont*, *où* / *lequel*, *laquelle*, *lesquels*, etc.).
– **Accord** : il ne s'accorde pas avec le nom qu'il qualifie.
On apercevait une cour à ciel ouvert par la haute ouverture qui avait sans doute accueilli une grille de fer.

3 Les compléments circonstanciels

- Un groupe nominal (groupe de mots dont le noyau est un nom) peut apporter une indication sur les circonstances d'une action. Dans ce cas, il est la plupart du temps supprimable ou déplaçable.
- Un complément circonstanciel peut indiquer :

– Le **moyen** : *Elle était occupée à faire exploser* ***avec sa cuillère*** *les bulles de poudre chocolatée.*
– La **manière** : *Amanda plongea la tête dans son bol et avala son chocolat au lait* ***d'une traite****.*
– Le **temps** : *Il est là* ***depuis des siècles****.*
– Le **lieu** : *Amanda n'aimait pas trop entrer* ***dans le commerce****.*
– La **cause** : *Tu dis ça* ***pour ma nouvelle coupe de cheveux*** *?*
– Le **but** : *Tu iras nous acheter du pain* ***pour le diner****, ma chérie ? demanda Mamyta.*

4 La phrase complexe

- **Une proposition est juxtaposée** si elle est séparée d'une autre proposition par une virgule, deux-points ou un point-virgule.
  Le château était caché par la forêt ; la tempête l'avait détruite.

- **Une proposition est coordonnée** si elle est reliée à une autre proposition par une conjonction de coordination (*mais, ou, et, donc, or, ni, car*).
  *Le château était caché par la forêt **mais** la tempête l'avait détruite.*

- **La proposition subordonnée relative** complète un nom.
– Mot introducteur : un pronom relatif (*qui, que, quoi, dont, où / lequel, laquelle, lesquels,* etc.).
  Il était auparavant caché par la forêt que la tempête a détruite.

5 L'actif et le passif

- Dans une phrase à la **forme active**, le sujet fait l'action indiquée par le verbe.
  ***Amanda** parcourut la liste.*
  sujet — verbe à l'actif

- Dans une phrase à la **forme passive**, le sujet subit l'action indiquée par le verbe. C'est le complément d'agent qui fait l'action.
  ***Il** fut interrompu **par** une bourrasque qui emporta sa casquette au loin.*
  sujet — verbe au passif — complément d'agent

Le **complément d'agent** est le plus souvent introduit par la préposition *par*.

- Pour conjuguer un verbe au passif, on utilise l'auxiliaire *être*.
  j'entends (présent, actif) → *je suis entendu* (présent, passif)
  auxiliaire *être* au présent
  il interrompit (passé simple, actif) → *il fut interrompu* (passé simple, passif)
  auxiliaire *être* au passé simple

6 Types et formes de phrases

- **Il existe 3 types de phrases :**

Types	Objectif du message	Ponctuation finale	Exemple
Déclaratif	Informer	Point (.)	*Je suis curieuse de nature.*
Interrogatif	Poser une question	Point d'interrogation (?)	*Les esprits se voient-ils de l'extérieur ?*
Impératif	Exprimer un ordre, une interdiction	Point (.) Point d'exclamation (!)	*Ne va pas au château !*

Ces types de phrases ne peuvent pas se cumuler : une phrase est déclarative **ou** interrogative **ou** impérative.

- **Il existe plusieurs formes de phrases :**

Forme **affirmative** (sans négation) *J'ai préparé le repas du midi.*	Forme **négative** (avec une négation) *Je **n'**ai **pas** préparé le repas du midi.*
Forme **neutre** (sans insistance) *J'ai préparé le repas du midi.*	Forme **emphatique** (avec une insistance) ***C'est moi qui** ai préparé le repas du midi.* ***Moi**, j'ai préparé le repas du midi.*
Forme **active** (le sujet fait l'action) *J'ai préparé le repas du midi.*	Forme **passive** (le sujet subit l'action) *Le repas du midi **a été préparé** (par moi).*
Forme **exclamative** (exprime un sentiment) ***Quel** beau cadeau j'ai reçu !*	Forme **impersonnelle** (« il » ne désigne pas une personne) ***Il** neige.*

Ces formes peuvent se cumuler : la phrase *J'ai préparé le repas du midi.* est à la fois affirmative, neutre et active.

7 Les modes personnels

L'indicatif

• **Formation :**

Temps simples	Temps composés
Présent ➜ *je vois*	Passé composé ➜ *j'ai vu*
Imparfait ➜ *je voyais*	Plus-que-parfait ➜ *j'avais vu*
Passé simple ➜ *je vis*	Passé antérieur ➜ *j'eus vu*
Futur ➜ *je verrai*	Futur antérieur ➜ *j'aurai vu*

Attention ! Les verbes forment en grande majorité leurs temps composés avec l'auxiliaire *avoir* ; les verbes de mouvement (*aller, partir, revenir*, etc.) utilisent l'auxiliaire *être*.

• **Emplois :**

– L'indicatif est le mode du réel et des actions certaines ; c'est le plus courant de la langue française.

– Chaque temps composé exprime l'**antériorité** (le fait qu'une action s'est passée **avant** une autre) par rapport au temps simple qui lui correspond.

Le subjonctif

• **Formation** : il y a quatre formes, mais seulement une est courante : le subjonctif présent.

– On utilise pour tous les groupes les terminaisons ***-e, -es, -e, -ions, -iez, -ent***.

– On les ajoute au radical du présent de l'indicatif pour les verbes en *-er*, sauf *aller* (1er groupe).

que je parle

– On les ajoute au radical du présent de l'indicatif pour les verbes en *-ir*, qui se conjuguent comme *finir* (2e groupe), mais on double le *s*.

que je finisse

– Attention, il y a d'importantes modifications du radical pour les autres verbes courants (3e groupe) :

que je prenne (*prendre*) / *que je fasse* (*faire*) / *que j'aille* (aller) / *que je puisse* (*pouvoir*) / *que je sache* (*savoir*) / *que je veuille* (*vouloir*)

• **Emplois :**

– On peut utiliser le subjonctif **dans les propositions indépendantes** pour exprimer :

- un souhait ou un regret : *Pourvu qu'il **vienne** !*
- un ordre, à la 3e personne : *Qu'on en **finisse** !*

– On l'utilise **dans les propositions subordonnées** :

- après *il faut que* et *avant que* : ***Il faut qu'****on* *aille voir, reprit-il.*
- après des verbes de volonté ou de souhait (*vouloir, aimer, désirer, souhaiter,* etc.) : *Et nous* ***souhaitons que*** *les vacanciers* ***s'arrêtent*** *à Lougnac pour les admirer.*
- après les verbes exprimant le doute, l'incertitude ou utilisés avec une négation (*douter, regretter, ne pas croire,* etc.).

Le conditionnel

• **Formation :** il y a trois formes, mais seulement deux sont courantes : le conditionnel présent et le conditionnel passé.

– Le conditionnel présent se forme sur le radical du futur avec les terminaisons ***-ais, -ais, -ait, -ions, -iez, -aient.***

*je lir**ais**, tu lir**ais**, il lir**ait**, nous lir**ions**, vous lir**iez**, elles lir**aient***

– Le conditionnel passé se forme en conjuguant l'auxiliaire au conditionnel présent et en ajoutant le participe passé.

j'aurais lu, tu aurais lu, elle aurait lu, nous aurions lu, vous auriez lu, ils auraient lu

• **Emplois :**

– pour des actions soumises à une condition :

Elle n'osait imaginer ce qui se serait passé si elle avait dû affronter Hubert en tête-à-tête.

condition qui ne s'est pas réalisée

– dans les formules de politesse :

Mamyta, pourrais-tu me prêter de quoi mesurer ?

– pour les informations incertaines :

Après sa mort, des descendants de l'explorateur auraient migré jusqu'à nos terres. (L'article du journal fait une supposition : il n'est pas sûr que les descendants de l'explorateur soient vraiment venus à Lougnac.)

– pour indiquer le futur par rapport à un verbe au passé simple ou à l'imparfait :

Amanda décida qu'elle porterait dorénavant le médaillon de celui qui l'avait accompagnée en cette fin d'été.

8 Les modes non personnels

- **L'infinitif** est la forme du verbe qu'on trouve dans le dictionnaire. Elle ne comporte pas d'indication de personne.
  disparaitre
- **Le participe passé** indique qu'une action a été accomplie, il s'accorde en genre et en nombre avec un nom.
  *une forme **disparue***
- **Le participe présent** exprime une action en train de se dérouler, il est invariable et se termine par *-ant*.
  *Elle vit une forme **disparaissant** dans le brouillard.*

Orthographe

9 L'accord du participe passé

- **Employé avec l'auxiliaire *être***, le participe passé s'accorde en genre et en nombre avec **le sujet**.
  *Et **ils** sont tous rayés d'un grand trait rouge !* → accord au masculin pluriel
- **Employé avec l'auxiliaire *avoir***, le participe passé ne s'accorde pas avec le sujet. Il s'accorde s'il y a un COD et si ce dernier est placé avant le participe.
  *Mais cette fois, la chance semblait **les** avoir abandonnés.*
  → accord au masculin pluriel (« les » désigne Amanda et Maximilien)
  *Elle reconnut la chaine d'arpenteur, retenue par deux pointes toutes rouillées, d'après la description **que** lui en avait faite Papyjo.*
  → accord au féminin singulier (« que » reprend « la description »)

Vocabulaire

10 Homophones, homonymes, synonymes, antonymes, paronymes

- Des **homophones** sont des mots qui se prononcent de la même façon mais ne s'écrivent pas de la même façon.
  son / sont

- Des **homonymes** se prononcent et s'écrivent de la même façon mais n'ont pas le même sens ou ne désignent pas les mêmes personnes.
  des sommes (nom) / *nous sommes* (verbe)

- Des **synonymes** sont des mots de même sens ou de sens équivalent.
  beau / joli

- Des **antonymes** sont des mots de sens contraire.
  beau / laid

- Des **paronymes** sont des mots dont l'écriture ou la prononciation sont proches et qu'on risque de confondre.
  attendre / atteindre

11 Sens propre et sens figuré

- **Le sens propre** d'un mot est son sens concret, souvent le plus ancien.
- **Le sens figuré** d'un mot est son sens abstrait, souvent plus récent.

Ces colonnes soutiennent le balcon.

→ Sens propre : « soutenir » signifie supporter une charge pour l'empêcher de tomber.

Mes parents me soutiennent si je suis en difficulté.

→ Sens figuré : « soutenir » signifie apporter son soutien, son aide à quelqu'un.

12 Les figures de style

- **La comparaison** est le rapprochement de deux éléments présentant des points communs à l'aide d'un mot-outil (« comme », le plus souvent).

***Les pans de la veste du garçon** flottaient comme deux ailes.*

compaté : Les pans de la veste du garçon — outil de comparaison : comme — comparant : deux ailes

- **La métaphore** est le rapprochement de deux éléments présentant des points communs sans l'aide d'un mot-outil.

***Son séjour chez ses grands-parents**, c'était une grande bouffée d'oxygène.*

comparé : Son séjour chez ses grands-parents — comparant : une grande bouffée d'oxygène

Nombres et calculs

13 Tableau de correspondance entre pourcentages et fractions

Pourcentage	Fraction
10 %	$\frac{1}{10}$
20 %	$\frac{1}{5}$
25 %	$\frac{1}{4}$
50 %	$\frac{1}{2}$
75 %	$\frac{3}{4}$
100 %	$\frac{1}{1}$

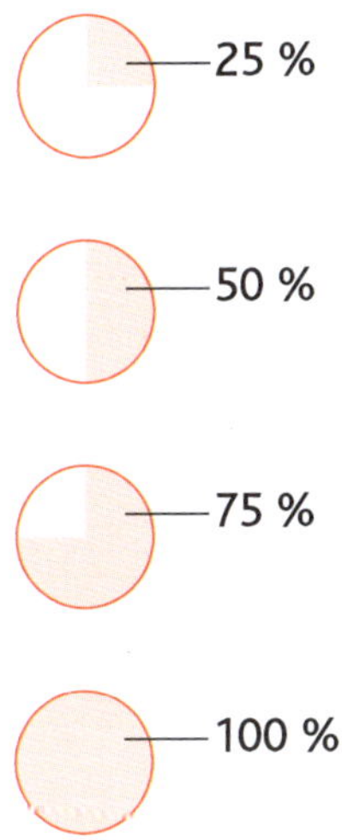

Grandeurs et mesures

14 Conversions

- L'unité officielle de mesure de longueur est le **mètre (m)**.
- On utilise également des multiples et des sous-multiples du mètre :

pour une longueur plus importante	pour une longueur moins importante
décamètre = 1 dam = **10** m	**déci**mètre = 1 dm = **1/10** m = 0,1 m
hectomètre = 1 hm = **100** m	**centi**mètre = 1 cm = **1/100** m = 0,01 m
kilomètre = 1 km = **1000** m	**milli**mètre = 1 mm = **1/1000** m = 0,001 m

- Attention à ne pas confondre :

– le préfixe *déca-* qui vient du grec et signifie multiplié par 10,
– le préfixe *déci-* qui vient du latin et signifie divisé par 10.

Ils se ressemblent mais ont en fait des sens contraires !

Espace et géométrie

15 Figures géométriques

polygones
(*poly* = plusieurs / *gones* = angles)

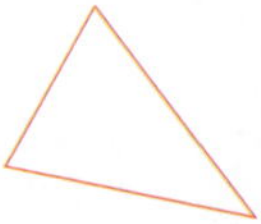

triangles
3 angles ou
3 côtés

quadrilatères
4 angles ou
4 côtés

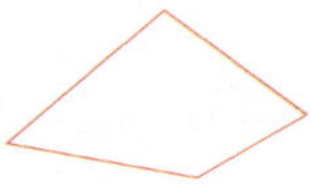

quadrilatères
quelconques

quadrilatères
particuliers

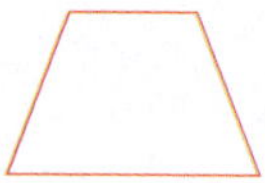

2 côtés parallèles
= trapèzes

côtés **parallèles** 2 à 2
= **parallél**ogrammes

parallélogrammes
particuliers

parallélogrammes
quelconques

rectangles
4 angles **droits**

losanges
4 côtés de
même longueur

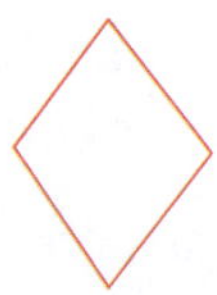

carrés
4 angles droits
4 côtés de même longueur

- **Parallélogrammes :**

– Périmètre : $\mathbf{P = (L + l) \times 2}$

$\mathbf{P = 4 \times c}$ (pour un carré)

– Aire : $\mathbf{A = b \times h}$ (pour un parallélogramme quelconque)

ou $\mathbf{L \times l}$ (pour un rectangle)

ou $\mathbf{c \times c}$ ou $\mathbf{c^2}$ (pour un carré)

– Centre : point d'intersection des diagonales. Les diagonales se coupent en leur milieu.

- **Triangles :**

– Périmètre : $\mathbf{P = a + b + c}$ (= somme des 3 côtés)

– Aire : $\mathbf{A = \frac{(b \times h)}{2}}$

– Somme des angles : $\widehat{BAC} + \widehat{ABC} + \widehat{ACB} = 180°$

16 Les États dans le monde

17 La respiration

L'homme absorbe du **dioxygène** et rejette du **dioxyde de carbone**.
Ce principe est le même pour tous les êtres vivants (animaux et plantes).
C'est cet échange gazeux qui définit la respiration.

18 Les aliments, source d'énergie

Les aliments ingérés sont transformés par le corps humain en une énergie nécessaire au fonctionnement des organes. Celle-ci se mesure avec une unité : le **kilojoule** ou la **kilocalorie**.

19 La propagation de la lumière

La lumière se propage en ligne droite dans un milieu transparent et homogène.
Quand un objet est éclairé, il y a trois zones qui ne reçoivent pas de lumière :
– l'**ombre propre** (partie non éclairée de l'objet),
– l'**ombre portée** (ombre de l'objet matérialisée derrière lui sur un écran, un mur, au sol, etc.),
– la **zone d'ombre** (tout l'espace qui n'est pas éclairé derrière l'objet, à cause de lui).

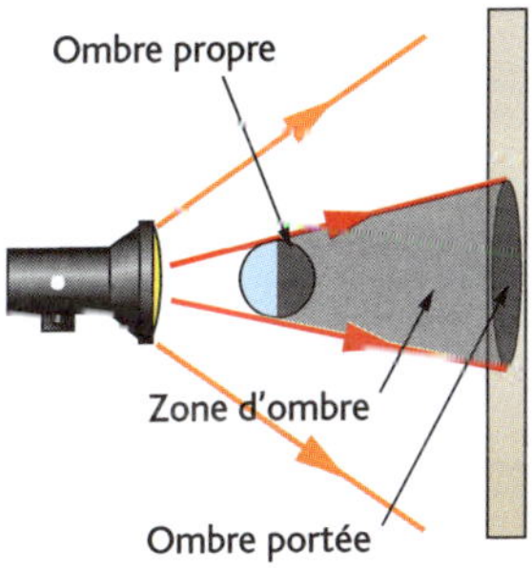

20 Les mélanges et les corps purs

- *Homo-* signifie « même » en grec ancien. En regardant un mélange homogène, on ne distingue à l'œil nu qu'un seul et même élément.

- *Hétéro-* signifie « autre » en grec ancien. En regardant un mélange hétérogène, on distingue à l'œil nu plusieurs éléments différents.

Page-indices

Le souffle de l'ange

de la 5e à la 4^{e}

Note ci-dessous les indices que tu as trouvés au cours de ta lecture.

Va vite te connecter sur le site
www.lenigme.com
pour nous envoyer tes indices,
et tu pourras télécharger plein de cadeaux !

INDICE 1 ....

INDICE 2 ....

INDICE 3 ....

INDICE 4 ....

INDICE 5 ....

INDICE 6 ....

Bravo ! Tu as trouvé tous les indices !

Table des matières

Achevé d'imprimé en Italie par BONA en Mars 2021

L'ÉNIGME DES VACANCES

JE LIS · JE JOUE · JE RÉVISE

Choisis ton univers !

historique · fantastique · POLICIER · AVENTURE · FRISSON · féerie

du CP au CE1

- Le voleur invisible
- Sophia, princesse de la mer 🎧
- Le mystère de la source 🎧
- Disparition au pays des poneys 🎧
- Panique chez les pandas

du CE1 au CE2

- La peur au bout de la laisse
- Mystère au cirque Alzared
- Attention ! Dauphins en danger
- Pas si désert que ça !
- Menace sur Madagascar
- Pirates en péril ! 🎧
- Enquête de terrain BD

du CE2 au CM1

- Le labyrinthe des dragons
- Les fantômes de Glamorgan
- La plage du Prince Blanc
- Le phare de la peur
- Montagne explosive !
- Menaces sur la finale de foot
- Planète dinosaures
- Le chevalier sans tête BD

du CM1 au CM2

- Le voleur de papyrus
- Le secret de la jungle
- Le sortilège des loups-garous
- Parfum de vacances
- La carrière interdite
- Mystère dans le bush australien
- Drôles d'époques ! 7 histoires
- Objectif planète verte BD

du CM2 à la 6e

- Le trésor des Templiers
- Panique à la Pop Academy
- La forêt de l'épouvante
- À la recherche de la cité perdue
- Eaux troubles à Venise
- Drôles de familles ! 7 histoires
- À bord du bateau pirate ESCAPE GAME

de la 6e à la 5e

- Le secret du Titanic
- Drôle de trafic
- Complot chez les cordons-bleus
- The Refuge in Danger (en anglais) 🎧
- Au sommet de la tour Eiffel ESCAPE GAME
- Dans les galeries du Louvre ESCA GAM

de la 5e à

- Operation Blue Lagoon (en anglais)
- Chute mortelle au Mont-Saint-Michel
- The Captain is Missing! (en anglais) 🎧
- Le souffle de l'ange
- Dans le château de Krennamzer ESCAPE GAME

de la 4e à la 3e

- Murder in West Park (en anglais) 🎧
- The Mark of the Vampire (en anglais) 🎧
- The Wizards' Night (en anglais) 🎧
- Dans les allées du cimetière ESCAPE GAME

🎧 Histoire à podcaster sur le site www.lenigme.com